500만 독자 여러분께
감사드립니다!

세상이 아무리 바쁘게 돌아가더라도
책까지 아무렇게나 빨리 만들 수는 없습니다.
길벗은 독자 여러분이
가장 쉽게, 가장 빨리 배울 수 있는 책을
한 권 한 권 정성을 다해 만들겠습니다.

독자의 1초를 아껴주는
정성을 만나보세요.

미리 책을 읽고 따라해 본 2만 베타테스터 여러분과
무따기 체험단, 길벗스쿨 엄마 2% 기획단,
시나공 평가단, 토익 배틀, 대학생 기자단까지!
믿을 수 있는 책을 함께 만들어주신 독자 여러분께 감사드립니다.

마음을 사로잡는 프로덕트 기획을 위한
유저 리서치 실전 비법

글로벌 UX 연구원은
이렇게 일합니다

마음을 사로잡는 프로덕트 기획을 위한 유저 리서치 실전 비법

글로벌 UX 연구원은 이렇게 일합니다
How Global UX Researchers work

초판 발행 · 2024년 3월 20일

지은이 · 박수현, 김예림
발행인 · 이종원
발행처 · (주)도서출판 길벗
출판사 등록일 · 1990년 12월 24일
주소 · 서울시 마포구 월드컵로 10길 56(서교동)
대표 전화 · 02)332-0931 | **팩스** · 02)323-0586
홈페이지 · www.gilbut.co.kr | **이메일** · gilbut@gilbut.co.kr

기획 및 책임 편집 · 박슬기(sul3560@gilbut.co.kr), 안수빈(puffer@gilbut.co.kr)
표지 및 본문 디자인 · 최주연 | **제작** · 이준호, 손일순, 이진혁, 김우식
영업마케팅 · 전선하, 차명환, 박민영 | **유통혁신** · 한준희 | **영업관리** · 김명자 | **독자지원** · 윤정아, 최수빈

교정교열 · 이정주 | **전산편집** · 김정미 | **CTP 출력 및 인쇄** · 상지사 | **제본** · 신정문화사

ISBN 979-11-407-0908-3 03000
(길벗도서번호 007169)

정가 25,000원

독자의 1초까지 아껴주는 길벗출판사

길벗 | IT단행본, 경제경영서, 어학&실용서, 인문교양서, 자녀교육서 ▶ www.gilbut.co.kr
길벗스쿨 | 국어학습, 수학학습, 어린이교양, 주니어 어학학습, 학습단행본 ▶ www.gilbutschool.co.kr

페이스북 · www.facebook.com/gilbutzigy
네이버 포스트 · post.naver.com/gilbutzigy

마음을 사로잡는 프로덕트 기획을 위한 유저 리서치 실전 비법

글로벌 UX 연구원은 이렇게 일합니다

박수현 · 김예림 지음

길벗

프로젝트를 진행할 때마다 기본이 얼마나 중요한지 매 순간 느끼기에 십수 년의 경력에도 UX 기본서를 다시 찾아보게 됩니다. 이 책은 글로벌 빅테크에 종사하는 UX 리서치의 실무 현장이 눈에 그려지듯 생생하게 전달합니다. 또 경력의 정도와 관계없이, 미처 경험하지 못한 다양한 사례를 통해 다시금 기본을 짚어 보는 소중한 기회를 제공할 것입니다.

이승윤 l PXD UX 리서치 리드

IT 회사에서 UX 리서치를 어떻게 활용하는지 UX 리서처 입장에서 정리한 책입니다. 이 책을 통해 UX 리서처가 현장에서 어떤 일을 어떻게 하는지 넌지시 엿볼 수 있을 거예요. UX 리서처 혹은 UX 리서치 분야에 대한 막연한 호기심을 가지고 계셨다면 이 책에서 답을 찾아보세요.

이애라 l 카카오페이 사용자 조사팀 팀장

이 책은 빅테크의 UX 리서처가 어떤 일을 하는지 선배의 입장에서 A to Z까지 친절하게 알려줍니다. 단순히 리서치 하드 스킬을 알려주는 것에서 그치지 않고, 리서처로 성장하기 위한 소프트 스킬을 리스트업하여 제공합니다. 주니어 리서처나 직군 전환을 고려하는 사람은 물론, 현업에서 일하는 리서처에게도 유용한 관점들이 담겨있어 이따금 한 번씩 꺼내어 다시 보고 싶은 책입니다. UX 리서치 분야의 발전을 위해 애정을 담아 만듦이 느껴지는 멋진 책을 만나게 되어 반가운 마음입니다.

홍익표 l 버킷플레이스(오늘의집) 시니어 UX 리서처
〈UX 리서치에 관심있는 사람〉 모임 운영자

글로벌 빅테크에서 직접 실무를 경험한 선배가 UX 리서치에 막 입문한 아끼는 후배에게 조언을 해주는 듯한 책입니다. UX 리서치의 기본부터 빅테크 취업 노하우 및 일 잘하는 UX 리서처로서 성장 노하우까지 얻고 싶다면 이 책을 꼭 읽어 보세요.

권해솜 ┃ 무신사 제품경험분석팀 UX 리서처

이 책은 UX 리서치를 처음 접하는 분도 기본 개념과 방법론, 프로세스 등에 대해 쉽고 재미있게 알아갈 수 있도록 돕는 리서치 가이드북입니다. 단순한 개념이나 이론에 대한 설명을 넘어, 저자가 빅테크 기업에서 쌓은 풍부한 실무 경험을 바탕으로 현장에서 바로 활용할 수 있는 실용적인 조언과 깊이 있는 인사이트를 제공합니다.

백희원 ┃ LINE 유저 리서치팀 리드

사용자 경험이 바로 제품의 성과로 전환되는 디지털 시대, 그 중심에 있는 테크놀로지 제품들의 전략, 디자인팀과 소비자를 연계해 주는 UX 리서치에 대한 저서가 국내에 많지 않습니다. 이 책은 UX 리서치 트렌드의 선두 주자인 빅테크 기업에서 실무 경험을 쌓은 저자들이 UX 리서치의 정통적인 툴과 방법론을 포함해 리서처가 알아야 하는 '하드 스킬', 빅테크의 협업 유형과 리서치 전략, 임팩트 내기 등 업무에 필수적인 '소프트 스킬'에 대해 이해하기 쉽고 명확하게 풀어놓았습니다. UX 리서치 입문용 개념 정리가 필요한 분들, 그리고 글로벌 빅테크 리서처의 역할에 대해 배우고 싶은 분들에게 추천해 드립니다.

신솔이 ┃ AWS UX 리서처, 전 일리노이대 국제경영 교수

저는 학계에서 UX 연구 커리어를 시작하여, 박사 학위 취득 후 조금 더 실질적이고 현실적인 응용 연구를 목표로 산업계로 전향했어요. 은행, 핀테크, 이커머스 등 전통적인 산업부터 메타와 틱톡 같은 테크 산업까지 다양한 회사를 거치며 각 기업의 문화와 조직 성숙도에 맞춰 유저 리서치팀을 이끌고 경험을 쌓았습니다.

UX를 주제로 한 전문 서적은 많지만, 실무 경험을 바탕으로 선배가 이야기해 주는 형식의 책은 찾아보기 어려운데요. 특히 앞으로 이 분야에 대한 발전이 기대되는 한국에서, 실무적인 조언과 연구팀 운영, 리더십 역할에 대한 인사이트를 제공하는 책이 필요하다고 판단하여 이 책을 집필하게 되었습니다.

메타의 AI Powered Smart Glasses 개발 초기 단계부터 UX 연구팀을 이끌며 고민하고 경험한 모든 것, UX 업계 종사자들이 자주 묻는 질문과 현재 산업트렌드, 그리고 가혹한 미국 현실을 솔직하게 담았습니다. 제 경험과 지식을 통해 UX 연구 방법은 물론, 구조 자체에 대한 통찰력을 얻어가셨으면 합니다.

마지막으로, 이 책을 함께 만들 수 있게 해준 파트너 예림 님께 특별한 감사의 말씀을 전하며, 저를 응원해 주시는 모든 분께 진심으로 감사드립니다.

박수현

앞으로 우리는 어떤 미래를 살아가게 될까요? 현재 저희는 'AI 격동의 시대'에 살고 있다고 해도 과언은 아닐 것 같은데요. 저는 항상 AI와 같은 최첨단 기술이 우리 사회에 어떻게 융화될지 관심이 많았어요. 그러한 관심에서 출발하여 컴퓨터 과학과 통계학을 전공했고, 현재는 마이크로소프트에서 AI 코파일럿 기술과 관련된 UX 연구를 진행하고 있습니다.

빅테크를 주제로 한 책을 보면 빅테크를 지나치게 미화하거나 '무조건 이 방법이 정론이다.' 하는 식의 고압적인 느낌을 받기도 했는데요. 빅테크에서 사용하는 모든 UX 연구 방법이 성공적인 것은 아니며, 그 모든 것을 한국의 상황에 그대로 적용하기 어렵다는 것도 잘 알고 있습니다. 따라서 이 책을 통해 빅테크 UX 연구의 현실을 최대한 있는 그대로 전달하고자 노력했습니다.

대학원에서부터 배웠던 UX 연구의 이론적 토대부터 기본 용어와 개념을 최대한 담고자 노력했고, 이론을 배우는 것에서 그치지 않도록 실무에 도움이 되는 노하우와 템플릿까지 준비해 보았어요. 이 책이 PM과 기획자, UX 디자이너를 비롯하여 제품/서비스 개발 과정에 UX 연구를 도입하고자 하는 모든 분께 도움이 될 수 있기를 바랍니다.

마지막으로, 한국의 UX 실무자 분들에게 더욱 실용적인 내용을 전하고자 한국에서 일하시는 여러 UX 연구원분께 조언을 구했는데요, 아이디어를 제공해주신 현성 님, 제성 님, 지은 님, 수아 님과 감수와 추천사를 써주신 모든 분께 진심으로 감사드립니다. 무엇보다도 1년간 저의 든든한 파트너가 되어주셨던 수현 님에게도 깊은 감사를 표합니다.

김예림

PART 2

빅테크에서는 UX 연구를 어떻게 하나요?

PART
3 UX 연구원 도대체 뭐 하는 사람들이죠?

💬 **무엇이든 물어보세요!**

책을 읽다 궁금한 점이 생기면 길벗 홈페이지(gilbut.co.kr)에 회원으로 가입하고 고객센터의 1:1 문의 게시판에 질문을 남겨보세요. 지은이와 길벗 독자지원센터에서 신속하고 친절하게 답변해 드립니다.

길벗 홈페이지
(gilbut.co.kr)
회원 가입 후 로그인하기

[고객센터] - [1:1 문의]
게시판에서 '도서 이용'을
클릭하고 책 제목 검색하기

'문의하기'를 클릭해
새로운 질문 등록하기

× : **누가, 무엇에 관해 쓴 책인가요?**

박수현 : 안녕하세요, 예림 님 요즘 매주 뵙네요.

김예림 : 안녕하세요, 수현 님. 책을 준비하면서 매주 뵙는데 이제 제가 지겹
지는 않으신지요? (웃음)

박수현 : 무슨 소리예요. 자주 보니 좋아요. 오늘은 대망의 프롤로그를 쓰는
날인가요?

김예림 : 네, 본문에서 빅테크 UX 연구와 프로세스에 대해 다룬다면 프롤로
그는 정보를 전달하는 내용 뒤편에 있는 '사람', 즉 저희에 대해 좀
더 포커스를 맞춰보고자 이렇게 인터뷰 형식으로 써보기로 했습니
다. 지식 전달도 중요하지만 그 지식을 전달하는 사람들이 정말 믿
을 만한 사람들인지, 뭐 하는 사람인지 독자분들이 궁금해하실 것
같아서요.

박수현 : 좋은 생각이에요. UX 연구란 게 어떻게 보면 딱딱하고 어렵게만 느껴질 수 있잖아요. 용어도 생소하게 느끼실 수 있고요. 그래서 이 프롤로그가 독자분들에게 조금 더 친근하게 다가가고 저희가 어떤 이유와 마음으로 이 책을 집필했는지 설명할 수 있는 정말 좋은 기회라고 생각해요.

김예림 : 네, 맞아요. 수현 님은 독자분들이 수현 님을 어떻게 생각해 주길 바라나요?

박수현 : 음… 그냥 편하게 먼저 길을 걸어간 선배라고 생각해 주셨으면 좋겠어요. 요즘은 온라인에서 인플루언서와 팔로워 개념으로 사람들이 많이 소통하잖아요. UX 연구에 관심 있는 사람들 혹은 이 분야를 진로로 생각하고 있는 분들이 저희를 인플루언서 또는 선배로 봐주시고, 그 선배에게서 이야기를 듣는다고 생각해 주면 좋을 것 같아요.

김예림 : 그럼 먼저 어떤 길을 걸어오셨는지 간략하게 소개해 주실 수 있을까요?

박수현 : 네, 그럼요. 저는 한국에서 대학교를 졸업한 후 영국으로 건너가 사회·문화 심리학을 석사 전공했고요, 미국에서 사회 심리학 박사를

전공했어요. 그 후에는 씨드 레벨 스타트업에서 UX 연구원으로 시작해 뉴욕과 샌프란시스코를 왔다 갔다 하면서 핀테크, 컨슈머프로덕트 스타트업 등 다양한 분야의 미국 회사에서 일하다가, 가장 최근에는 메타(Meta formly known as Facebook)의 페이스북/인스타그램 광고 관련 팀과 AR 글래스(AR glasses) 시니어 UX 연구 매니저로 일했고, 그 다음은 이커머스 쪽으로 넘어가 미국에서 가장 큰 화장품 계열사인 에스티로더(Estee Lauder Companies)에서 UX 연구 디렉터로 일했어요. 가장 최근에는 틱톡의 광고팀에서 일하고 있어요.

김예림 : 우와, 디렉터라니! 다양한 분야의 회사에서 UX 연구원부터 UX 디렉터까지 가시면서 많은 경험을 쌓으셨을 것 같아요. 새삼스럽지만 그런 분과 책을 집필하게 되어 영광스러워요.

박수현 : 에이 아니에요. 정말 새삼스럽네요! (웃음)

김예림 : 솔직히 수현 님 경력에 비하면 제가 선배라는 말을 써도 될지 모르겠지만 저도 독자분들이 저를 업계 지인처럼 편하게 생각해 주셨으면 좋겠어요. 저도 간략하게 소개를 드리자면, 캐나다에서 컴퓨터 과학과 통계학을 전공하고 잠시 개발자로 일하다가 연구 장학생으로 선발되어 인간-컴퓨터 상호작용을 전공했어요. 석사 과정 중 제

1 저자로 AI 기술과 인간의 상호작용에 관한 논문들을 학회에 기고했었고요. 그 후에는 저도 캐나다에 있는 스타트업에서 UX 연구원으로 잠깐 일하다가 유비소프트라는 게임 회사에서 일했습니다. 지금은 마이크로소프트에서 UX 연구원으로 신제품과 생성형 AI 관련 프로젝트를 담당하고 있어요.

박수현 : 우리 모두 학계에서 업계로 온 케이스네요.

김예림 : 그러게요. 수현 님은 사회과학 박사에서 어떻게 업계로 오시게 된 건가요?

박수현 : 사실 박사 4년 차까지만 해도 UX 연구 분야와 직업군에 대해서 전혀 알지 못했어요. 사람들의 행동과 심리가 항상 궁금했고 더 배우고 싶다는 생각이 있어서 사회 심리학 박사 과정을 밟고 있었거든요. 그러던 중 어떤 학회에 갔는데 그 당시 페이스북에서 UX 연구원으로 근무하시던 분이 학계에서 업계로 가는 방법에 대한 세션을 진행하시더라고요. 궁금해서 들어봤는데 예림 님도 아시다시피 학계, 특히 사회 심리학같은 분야는 하나의 연구에 대개 몇 년이 걸리잖아요. 근데 그분이 업계에서는 하고 싶은 연구를 같은 시간에 마음껏 더 많이 할 수 있고, 돈도 더 많이 주고, 학생들도 안 가르쳐도 된다는 거예요.

김예림 : 가르치는 일에 흥미가 없으셨군요. (웃음)

박수현 : 네, 솔직히 말하자면 맞아요. (웃음) 그래서 그 세션을 듣고 집에 오자마자 UX 연구가 뭔지에 대해 검색해 보고, UX 연구 관련 두꺼운 서적도 사서 논문 읽듯이 읽었어요. 그래도 처음에는 학계에서 업계로 전환하는 일이 쉽지는 않더라고요. 서류 전형은 무난하게 합격했지만, 업계에서 쓰는 용어나 프로세스가 생소하다 보니 항상 면접에서 잘 안됐어요. 그래서 처음에는 스타트업에서 무료로 일하기도 했어요.

김예림 : 저도 코로나 팬데믹 시기에 석사 과정을 졸업하게 되어 인터뷰도 많이 무산되어 캐나다 스타트업에서 적은 비용을 받고 일을 시작했던 경험이 있어 공감이 많이 되네요. 문득 드는 궁금증이, 업계는 수현님의 기대를 충족시켰나요? 솔직하게 얘기해주세요.

박수현 : 믿으실지 모르겠지만 솔직히 200% 충족됐고 다시 돌아간다고 해도 같은 선택을 할 것 같아요.

김예림 : 제가 생각했던 답변과는 조금 다르지만⋯(웃음) 왜인지 여쭤봐도 될까요?

박수현 : 학계에 있었다면 하나의 연구를 하는 데 몇 년씩 걸렸을 텐데, 회사에 있으니까 트렌드도 빠르게 알 수 있고 제가 연구했던 게 제품으로 출시되어 사람들이 쓰는 모습을 보니 무척 뿌듯했어요. 또 학계에서는 파트너 교수들과 일하는 기회가 많긴 하지만 협업이라는 개념보다는 혼자 연구하는 경우가 많은데, 회사에서는 협업이 중심이 되어 항상 팀플레이를 하게 되니 사람들과 함께 일하는 다이내믹함도 너무 재미있고, 힘들 때도 있지만 프로젝트를 끝내고 제품을 만들 때 느끼는 보람이 정말 커요. 마지막으로, 미국 기준으로 학계에 비해 연봉도 훨씬 많이 받기 때문에 사실 그런 점도 좋았고요. 그래서 이런 부분에서 학계가 좀 안 맞는다고 생각하시는 분께 업계를 추천드려요.

김예림 : 사실 저도 수현 님 말씀에 동의해요. 참 수현 님, 업계에 들어오시기 전에 두꺼운 관련 서적을 읽으셨다고 했는데 그와 관련하여 학계에서 업계로 오시는 분들한테 저희 책이 과연 도움이 될까요?

박수현 : 그랬으면 좋겠어요. 하지만 저희가 책을 쓸 때 독자층을 특정 분야로 좁게 설정하지는 않았고, 이 책을 통해 다양한 분들에게 도움을 드리고자 세 파트로 나눴죠.

김예림 : 맞아요. 혹시 그 세 가지 파트에 대해 독자분들에게 간략히 설명해

주실 수 있을까요?

박수현 : 그럼요. 첫 번째 파트에는 UX 연구에 대해 모르는 분도 전반적으로 '아, 이런 게 UX 연구구나!' 하고 이해할 수 있도록 UX 연구에 대해 저희가 학계와 업계에서 배운 이론을 최대한 이해하기 쉬운 형식으로 담았고, 두 번째 파트에서는 '북미에서 빅테크는 과연 어떤 UX 연구를 할까?'에 대해서 중점적으로 다루었죠. 저는 이 부분이 다양한 분들에게 도움이 될 것 같아요. 마지막으로 세 번째 파트는 'UX 연구원의 삶과 역할'에 대해서 궁금해하는 분을 위해 썼잖아요? 학계에서 업계로 가시고자 하는 분들에게 세 번째 파트가 도움이 많이 될 것 같아요.

김예림 : 맞아요, 저도 그렇게 생각해요. 특히 두 번째 파트에 대해서 말씀하신 부분에 정말 많이 공감해요. UX 연구원은 아무래도 코어 프로덕트 포지션이 아니다 보니 대부분 대기업에서만 많이 채용하고, 아무래도 규모가 작은 회사나 아직 UX 연구에 대한 성숙도가 낮은 회사에서는 채용을 많이 안 하는 게 현실이죠. 하지만 제품의 성패는 결국 사용자가 사용하는지 안 하는지에 달려 있잖아요? 저는 일을 하면서 사용자에 대한 이해와 그들의 목소리를 듣는 일의 중요성을 몸소 느꼈기 때문에 UX 연구원을 채용할 여력이 안 되지만 자체적으로 사용자에 대한 이해도가 높은 제품을 만들고 싶은 업계분들이

나 잠재적으로 UX 연구 프로세스 또는 부서를 도입하고자 하는 분들에게도 도움이 많이 될 것 같아요.

박수현 : 저도 정말 동의해요. 요즘 북미에서는 UX 연구원뿐만 아니라 다른 직책을 가지신 분들도 UX 연구를 담당하시기 때문에 좋은 부분인 것 같아요.

김예림 : 되도록이면 많은 분에게 도움이 되는 책이었으면 좋겠어요. 혹시 수현 님은 책을 쓰실 때 어떤 바람이 있으셨나요?

박수현 : 사실 저는 돌고 돌아 업계로 들어왔고 주변에 가까이에서 알려줄 수 있는 한국인 선배가 많이 없었기 때문에 미국의 스타트업에서부터 프로세스 등 많은 것을 스스로 배워야 했어요. 다른 분들은 이 책을 읽고 저처럼 돌아가거나 혼자 고군분투하지 않길 바라는 마음이에요. 예림 님은요?

김예림 : 저도 마찬가지예요. 좀 거창한 바람일지 모르겠지만 사용자의 목소리를 반영하고 이해하는 글로벌 서비스 제품들이 한국에서 많이 나왔으면 좋겠어요. 그런데 솔직히 말하자면 제가 배운 걸 공유하고자 책 쓰기를 시작했지만 수현 님과 같이 집필하면서 제가 더 많이 배운 것 같아요. (웃음) 아, 저는 바람까지는 아니지만 어떤 방향성

을 가지고 이 책을 집필하려고 노력했어요.

박수현 : 오, 어떤 방향성인가요?

김예림 : 수현 님과도 자주 이야기 나눴지만 다른 나라에서 얻은 경험에 대해 얘기할 때 자의든 타의든 그게 미화되는 경우가 종종 있잖아요, 특히 북미 관련해서요. 그래서 주관적인 감정을 최대한 배제하고 진짜 솔직하게 쓰려고 노력했어요.

박수현 : 맞아요. 최근에 빅테크에 닥쳤던 레이오프에 관한 이야기를 책에 쓴 것도 그런 일환이죠.

김예림 : 네, 맞아요. 미화시키지 않고 최대한 있는 그대로 담백하게 "우리 회사는 이래. 그렇다니까." 하고 지인한테 얘기해주는 듯한 책, 그렇지만 수박 겉핥기 식이 아니라 산 경험과 지식을 최대한 쉽고 친근하게 설명해 주는 책으로 독자분들에게 다가갔으면 좋겠어요.

박수현 : 저도 정말 동의해요. UX 연구 업계에서 일하는 선배가 얘기하듯이 친근하지만 정말 도움이 되는 정보를 실속 있게 전하는 책이었으면 좋겠어요.

김예림 : 그럼, 저부터 앞으로 박 선배라고 불러도 될까요? (웃음) 제가 항상 짓궂게 장난쳐도 너그러이 받아주시고 즐겁게 같이 작업했지만 사실 업계 후배로서 정말 많이 배웠어요. 박 선배! 막상 부르려니 쑥스럽네요….

박수현 : (웃음) 에이… 저도 많이 배웠는걸요. 그럼 그런 맥락으로 이 책에서 예림 님을 '김 선배', 저는 '박 선배'라고 칭하면 어떨까요?

김예림 : 좋습니다!

UX 연구,
그게 뭐고
어떻게 하는 거죠?

UX 연구,
그 기본과 뿌리가 궁금한 당신에게

UX 연구는 무엇이고,
왜 중요한가요?

UX 연구란?

UX, 영어로 되어 있어서 직관적으로 이해되지 않는 단어에 '연구'라는 말까지 붙으니 더 골치가 아프실 거예요. UX는 '사용자 경험'을 뜻하는 'User Experience'의 줄임말로 제품 혹은 서비스를 사용할 때 사용자가 경험하는 모든 것을 의미합니다.

UX 연구를 통해 사용자 및 사용자의 경험, 어려움, 요구 사항, 행동 패턴, 감정, 의도, 믿음 등에 대한 데이터를 수집할 수 있는데요. 이러한 데이터는 특히 빅테크같이 규모가 큰 회사에서 비즈니스 전략을 짤 때 필수 불가결합니다. 특히 '이 상품을 어떻게 론칭해야 할까?', '어떻게 하면 사용자가 특정 기능을 더 쉽게 이용할 수 있을까?', '어떤 서비스에 더 많은 자원과 인력을 투자해야 할까?'

등 제품에 관하여 중요한 의사 결정을 내릴 때 반드시 데이터가 필요합니다.

'데이터'라고 하면 컴퓨터 데이터를 먼저 떠올리실지도 모르겠어요. 하지만 그것만이 데이터가 아니에요. 여러분이 인스타그램에 남기는 댓글과 리뷰도 데이터의 일부분이고, 어떤 웹사이트에 얼마나 많은 사람이 접속하는지 기록하는 트래픽 데이터(Traffic Data)도 정말 중요한 웹 데이터랍니다.

UX 연구원은 다양한 '사용자 중심의 데이터'를 활용해 유용한 인사이트를 도출합니다. 인사이트를 바탕으로 사용자 중심의 디자인 프로세스를 이끌어나가며, 회사가 사용자에게 최적화된 경험을 제공할 수 있도록 전략 수립과 의사 결정을 돕는 핵심적인 역할을 수행하죠.

 김 선배의 Tip

사용자 경험 연구 vs. 사용자 연구

글로벌 빅테크에서는 '사용자 연구'로 직역할 수 있는 User Research와 '사용자 경험 연구'로 직역할 수 있는 UX Research의 차이가 명확하게 정의되지 않아 종종 혼용되는데요. 혹자는 사용자 연구가 사용자 경험 연구보다 광범위하다고 보며, '제품의 가격이 사용자에게 미치는 영향' 등 사용자 경험 연구에서 다뤄지지 않는 사용자 관련 모든 연구를 포함하는 개념으로 보기도 합니다. 이 책에서도 자연스러운 흐름을 위해서 '사용자 연구'와 'UX 연구'라는 표현을 모두 활용했는데요. 현업에서도 거의 동일한 느낌으로 혼용된다고 보시면 됩니다.

UX 연구의 중요성

회사가 최첨단 기술을 총동원하여 외계인을 고용해서 만들었나 싶을 정도로 획기적인 제품을 만들었다고 가정합시다. 아무리 획기적인 제품이라도 사람들이 "우와, 이 제품 어떻게 만든 거지? 근데 그다지 쓸모는 없을 것 같은데? 이걸 어디에 써?" 혹은 "이런, 굉장히 새로운 아이디어인데 쓰기가 너무 불편해."라며 아무도 사용하지 않는다면 얼마만큼 공을 들였든 간에 회사에게 큰 손실을 안겨주게 되겠죠?

제품을 출시할 때는 사용자가 써보도록 만드는 것이 가장 중요합니다. 사용자의 경험과 니즈를 반영한 데이터를 토대로 하는 UX 연구가 이를 도와주고요. 단순 짐작이나 추측을 바탕으로 제품과 서비스를 만들면 도대체 '왜' 사용자에게 필요한지 모르고 만드는 경우가 많아 실패할 확률이 높습니다. 반면, UX 연구를 거치면 사용자 행동 데이터, 피드백, 인터뷰 등을 분석하여 결과물이 사용자 니즈에 딱 맞는 것은 물론이고 사용자 입장에서 문제라고 느껴질 만한 부분들을 찾아 제품 출시 전 미리 개선할 수 있습니다.

UX 연구 데이터를 기반으로 내린 의사 결정은 회사 경영진의 결정이 아니라 제품 또는 서비스의 사용자들이 준 피드백과 데이터를 통해 만들어진 결정이기 때문에 고객 만족도를 올릴 수 있고, 궁극적으로는 사용자 인게이지먼트(Engagement) *와 리텐션(Retention) **을 증가시킬 수 있어요. 이런 지표들이 개선되면 자연스럽게 회사의 수익도 높아지겠죠?

UX 연구 없이 만들면 어떻게 되나요?

UX 연구 없이 제품을 만들면 어떻게 될까요? 이와 관련해서 제가 직접 경험한 일화가 있기 때문에 자신 있게 말씀드릴 수 있어요. UX 업계로 들어온 지 얼마 안 되었을 때, 한 스타트업 회사를 컨설팅하게 되었어요. 당시 그 회사는 심장 박동을 측정하여 운동을 도와주는 제품을 만들고 있었습니다.

---

* 사용자 인게이지먼트(Engagement)란 사용자가 제품에 관심을 가지고 상호작용하는 정도를 지칭하는 말로서 여러 가지 방식으로 측정합니다. 예를 들어 이커머스 분야에서는 고객이 얼마나 자주 방문해서 구매하는지, 게임 분야에서는 플레이어가 해당 게임을 얼마나 오래 플레이하는지로 측정하죠.

** 리텐션(Retention)은 '보유', '유지'를 뜻하는 단어로 사용자가 얼마나 꾸준히 해당 제품을 사용하는지를 나타내는 척도예요.

스타트업 프로젝트가 으레 그러하듯 모든 과정이 피 말리고 일정은 굉장히 짧고 촉박했는데, 그 회사는 다른 회사 API*나 이미 만들어져 있는 소프트웨어 프로그램을 사용하지 않고 모든 걸 직접 개발하고 있어서 안 그래도 짧은 데드라인이 한층 더 짧게 느껴졌어요. 스타트업 회사였고 새롭게 론칭하는 제품이었기 때문에 참고할 만한 기존 고객 데이터도 존재하지 않았죠.

사실 새로운 제품을 론칭할 때는 타깃 고객층에 속한 사람들의 피드백을 적극 반영하는 일이 매우 중요해요. 이런 과정이 없다면 그저 '사람들이 좋아할 거야….'라는 막연한 기대와 환상만 품고 어둠 속을 걷는 듯한 기분으로 제품을 만들어야 하니까요.

불행히도 당시 프로젝트 과정에는 시간상의 이유로 UX 연구 단계가 빠져 있었습니다. 시간이 걸리더라도 UX 연구를 통한 데이터 분석이 필수라고 클라이언트를 설득했지만, 클라이언트는 받아들이지 않았죠. 그리하여 어떠한 UX 연구 데이터도 없이 촉박한 일정 속에서 제품이 만들어졌고, 시장에 나오게 되었습니다. 이 제품은 어떻게 되었을까요? 처음에는 성공적으로 출시된 듯 보였지만, 상품 전략 계획에 한참 못 미치는 저조한 판매량을 기록하

---

* API(Application Programming Interface)는 소프트웨어 프로그램 혹은 시스템 간 상호작용을 도와주는 인터페이스입니다. 예를 들어 A 회사가 매일 경제 데이터를 수집하고 분석하는 프로그램을 가지고 있다고 합시다. B 회사가 A 회사의 프로그램을 이용하여 경제 데이터를 가져와 자사 고객들에게 제공하려 한다면, A 회사에 API를 요청하여 프로그램을 사용할 수 있습니다.

고 말았습니다.

소 잃고 외양간 고친다는 말이 있죠. 그제서야 클라이언트는 실패한 근본 원인을 찾기 시작했습니다. 길고 긴 논의 끝에 UX 연구 없이 제품을 출시했다는 점, 다시 말해 새로운 제품을 론칭할 때 가장 중요한 잠재 사용자의 피드백을 수집하지 않고 의사 결정을 한 점이 가장 치명적인 오류였다는 결론이 나왔죠. 심장 박동 수를 측정하는 기계 자체는 성공적이었지만, 사용자들이 이 기계를 운동 프로그램과 함께 사용할 필요성을 느끼지 못했던 거예요. 이처럼 아무리 각각의 제품과 서비스가 훌륭해도 사용자가 원하지 않거나 사용자의 목표에 맞지 않는 제품이라면 실패할 수밖에 없습니다.

이런 호러 스토리(?)를 직접 겪었기 때문에 UX 연구가 정말 중요하다고 자신 있게 말씀드릴 수 있어요. UX 연구는 사용자의 니즈와 불편함을 가장 효과적으로 파악하고 이를 바탕으로 회사가 적절한 전략을 세워 프로젝트가 알맞은 방향으로 나아가도록 나침반 역할을 해줍니다. 위 예시처럼 새로운 제품 개발뿐 아니라, 이미 출시된 제품이 잘 팔리지 않거나 인게이지먼트가 낮을 때에도 UX 연구를 통해 이유를 파악하고, 데이터를 토대로 제품이나 서비스를 개선할 수 있답니다.

UX 연구는 회사에서 어떻게 쓰이나요?

UX 연구의 세부적인 역할은 회사의 성장 속도와 규모, 산업 종류에 따라 다를 수 있겠지만, 뭐니뭐니 해도 사용자 중심의 데이터를 토대로 제품 디자인 과정의 의사 결정을 돕는 것이 가장 대표적입니다.

대부분의 제품은 우리의 삶을 편하고 즐겁게 만드는 것을 목표로 합니다. 편하고 즐거운 삶이란 어떤 의미일까요? 평소에 가지고 있던 문제점이 해결된 삶일 것입니다. 배달 앱이 나오기 전에는 짜장면 시킬 때 전화번호부나 전단지에서 중국집 전화번호를 찾았습니다. 전화번호부라니… 제 나이가 너무 드러나나요? 그럼 포털 사이트에서 근처 짜장면집을 검색했었다고 합시다. 하지만 이제는 음식점 전화번호를 몰라도 배달 앱에서 손가락 몇 번만 움직이면 현관문 앞으로 음식이 배달됩니다. 예전에 전화로 주문할 때는 혹시나 잊어버릴까 봐 메모도 하고 그랬는데 말이죠. 이처럼 효과적인 제품과 서비스는 우리 삶을 더 편하고 즐겁게 만들어 줍니다.

이게 UX 연구랑 무슨 상관이냐고요? 아주 밀접한 관련이 있답니다. 왜냐면 UX 연구는 제품 디자인 과정에서 사용자의 불편함을 파악하고 그것을 고칠 다양한 솔루션 아이디어를 제공하기 때문이에요. 사람도 그렇고 뭐든지 첫인상이 중요하잖아요? 따라서 이왕이면 출시할 때부터 사용자들이 좀 더 만족할 수 있는 제품을 선보이는 것이 좋습니다. 이때, 제품을 디자인하고 개발하는 과정에서 UX 연구를 통해 얻은 피드백을 반영하면 좀 더 나은 제품을 출시할 수 있겠죠?

UX 연구는 구체적으로 어떤 프로세스에 따라 디자인 과정에 포함될까요? 여러 가지 모델이 있지만, 제품 디자인 과정에서 가장 대표적으로 쓰이는 더블 다이아몬드 모델(Double Diamond Matrix)에 대해 다음 장에서 소개할게요.

02

대표적인 제품 디자인 모델: 더블 다이아몬드 모델

더블 다이이몬드 모델이란?

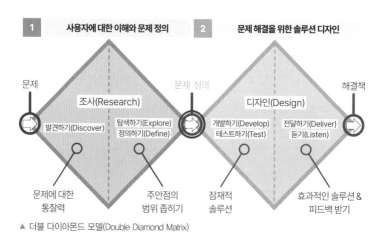

▲ 더블 다이아몬드 모델(Double Diamond Matrix)

더블 다이아몬드 모델(Double Diamond Matrix)은 가장 보편적으로 사용하는 제품 디자인 방법론으로, 34쪽의 그림과 같이 두 개의 다이아몬드로 구성되어 있습니다. 첫 번째 다이아몬드는 사용자에 대한 이해와 문제 정의 과정, 즉 사용자와 그들의 현재 경험에 대한 이해를 높이는 과정입니다. 예를 들면 사용자는 현재 어떤 방법으로 음식을 주문하는지, 기존 방법에 애로 사항은 없는지 등에 대해 탐색하는 단계라고 볼 수 있겠죠.

첫 번째 다이아몬드의 핵심은 사용자를 이해하고 문제를 정의하는 것입니다. 이때 UX 연구원은 연구 목적, 범위, 목표 등 연구 계획을 수립하고 인터뷰, 설문 조사, 관찰을 통해 잠재적 사용자의 목표와 동기를 수집해야 합니다. 이 과정에서 전통적으로 사용되는 대표적인 방법이 바로 유저 페르소나(User Persona)입니다. 유저 페르소나는 119쪽에서 더 자세히 다루겠지만 잠재 사용자를 대표하는 가상의 인물이라고 보시면 돼요. 예를 들어 시니어를 타깃으로 실버타운에서 사용될 앱을 만든다고 가정합시다. 이때 타깃 시니어 고객층의 데이터를 수집하여 그들을 대표할 수 있는 김영희 씨와 김철수 씨라는 가상의 인물을 만드는 거예요. 이들을 통해 잠재 사용자 그룹에 대한 이해와 공감을 높일 수 있죠.

또, 잠재 사용자의 경험을 한눈에 쉽게 파악하기 위해 사용자 여정 지도(User Journey Map)를 만들어 사용자의 제품/서비스 사용 과정을 시각적으로 나타내기도 합니다. 이런 과정을 거치면 사용자가 느끼는 불편함은 물론 사용자 자체에 대한 이해도 높아지고, 그 사용자가 현재 어떤 경험을 하고 있는지도 한눈에 알 수 있습니다. 사용자 여정 지도에 관해서는 122쪽에서 더 자세히 다루도록 할게요.

사용자에 대한 이해와 문제 정의가 끝났다면 이제는 문제를 해결할 솔루션을 고안하고 디자인할 차례입니다. 두 번째 다이아몬드는 해결 방안 고안과 디자인의 과정입니다. 이 단계에서는 아이디어를 도출한 다음, 이를 구체화하고 시각화한 시제품을 제작합니다. 또 시제품에 대한 사용자의 피드백을 수집하고, 개선을 위해 테스트와 평가 과정을 거칩니다. 이를 통해 궁극적으로는 피드백을 기반으로 한 최종 제품 혹은 서비스를 디자인하게 되죠.

더블 다이아몬드 모델에서 UX 연구원의 역할

더블 다이아몬드 모델이 조금 이해되셨나요? 그렇다면 더블 다이아몬드 모델의 각 단계에서 UX 연구원이 어떤 역할을 수행하는지 본격적으로 알아봅시다. 각각의 다이아몬드에서 UX 연구원이 해답을 찾아야 하는 구체적인 질문들과 어떻게 그 질문들에 대한 답을 찾는지 사례를 통해 설명드릴게요.

문제 파악하기(첫 번째 다이아몬드)

이 단계에서 UX 연구원이 답해야 하는 질문

- 타깃 사용자들은 어떤 특징이 있으며 무엇을 하려고 하는가? 그리고 현재 그것과 관련하여 어떤 경험을 하고 있는가?
- 그것을 왜 하려고 하는가?
- 무엇이 그들이 하려는 것을 어렵게 만드는가?

사용자들을 위한 피트니스(Fitness) 앱을 만든다고 가정해봅시다. 우선, 어떤 소비자를 타깃으로 할지 정의를 합니다. 그 다음에는 타깃 사용자들이 현재 어떤 피트니스 앱을 사용하고 있으며 어떤 기능을 유용하게 사용하고 있는지, 또 어떤 충족되지 못한 니즈나 어려움이 있는지에 대한 데이터가 필요합니다. 조금 더 구체적으로 접근해 볼게요. '잠재 사용자들은 어떤 특징이 있으며, 어떤 경우에 피트니스 앱이 필요할까?', '왜 온라인 앱을 이용하여 운동을 하려고 할까?', '현재 출시되어 있는 여러 서비스가 해결하지 못한 사용자의 니즈와 불편함은 무엇일까?'와 같은 질문들은 기초 연구(Foundational Research)를 통해서 답을 얻을 수 있습니다. 잠재적 사용자의 생활을 연구하여 운동 중 피트니스 앱을 사용할 때 어떤 문제점이 있는지, 앱을 사용하는 목표와 동기는 무엇인지 알아내는 것이죠.

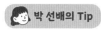 **박 선배의 Tip**

기초 연구란?

기초 연구(Foundational Research)는 영어로 '파운데이셔널 리서치'라고 부릅니다. '파운데이션' 하면 무엇이 떠오르나요? 저는 화장할 때 쓰는 파운데이션과 기본, 토대라는 단어가 떠오르네요. 색조 화장을 하기 전에 파운데이션을 먼저 바르잖아요? 같은 맥락으로 기초 연구는 제품에 관한 연구라기보다는 미지의 영역에 대한 탐구로서, 좀 더 깊고 열린 질문들을 이용해서 사용자의 견해와 그들의 환경에 대해서 배우는 연구예요. 예를 들어 실버타운에서 사용될 앱을 만든다면, 무작정 앱에 관련된 아이디어부터 시작하지 말고 그 앱을 사용할 시니어와 그들의 환경에 대한 기초 연구를 먼저 실시하는 거예요. 낯선 분야에 관해 UX 연구를 할 때 가장 선행해야 하는 연구랍니다.

"기초 연구를 하지 않아도 이미 아이디어가 넘쳐요! 출시를 서두르고 싶어요."라고 할 수도 있겠지만, 기초 연구를 하다 보면 시장에 존재하는 예상치 못한 기회를 발견하기도 해요. 예를 들면, 타깃 사용자들이 피트니스 앱을 어떻게 사용하는지에 대해 기초 연구를 하다가 그들이 피트니스 앱을 단순히 운동 보조용 앱이 아니라 사회적 기능의 연장선으로 생각한다는 결과를 도출할 수도 있어요. 단체 채팅방에서 친구들과 피트니스 앱의 스크린샷을 공유하며 온라인으로 운동을 같이 하기도 하고, 운동하면서 들을 음

악을 추천하며 서로 소통하는 패턴을 발견한다면 말이에요.

이처럼, 기초 연구를 수행하면 잠재 사용자층이 피트니스 앱으로 무엇을 하고자 하는지 이해의 토대를 쌓게 됩니다. 또 현재 마켓에 나와 있는 서비스의 어떤 부분이 미흡한지도 쉽게 알 수 있죠. 잠재적 사용자에 대한 기초 연구를 통해서 목표와 동기, 기존 서비스의 문제점 등을 파악하면 사용자의 현실에 가장 부합하는 디자인 의사 결정을 내릴 수 있답니다. 그렇게 되면 이미 출시된 제품과 비슷한 제품을 만드는 것이 아니라, 기존 제품이 미처 해결하지 못한 사용자의 문제를 포착하여 차별화된 제품/서비스를 제공할 확률이 높아지겠죠? 이 단계에서는 여러 가지 연구 방법을 쓸 수 있는데, 주로 타깃 사용자의 페르소나를 만들거나 사용자 여정 지도와 사용자 JTBD(Jobs-to-Be-Done)를 수립합니다. 각각의 연구 방법에 대해서는 111쪽에서 더 자세히 소개해드릴게요.

Step 2) 솔루션 아이디어 도출하기(첫 번째 다이아몬드)

이 단계에서 UX 연구원이 답해야 하는 질문

- 가장 임팩트 있는 문제는 무엇인가?
- 사용자의 문제를 고치는 데 가장 임팩트 있는 개선 방향은 무엇인가?

잠재적 사용자의 니즈와 문제점을 파악했다면 이제 무엇을 만들거나 고칠 것인지 생각해봐야 합니다. 기초 연구를 통해서 발견한 개선점이 무궁무진하겠지만, 현실적으로 모든 걸 한꺼번에 다 반영할 수는 없습니다. 따라서, 가장 먼저 해야 하는 일이 무엇인지 생각해보고, '최소 실행 가능 제품(Minimum Viable Product, MVP)'의 방향을 결정합니다. MVP는 핵심 기능만을 포함한 제품으로, 최소한의 자원으로 빠르게 제품을 출시하여 초기 버전의 제품을 시장에서 검증하는 데 사용됩니다.

이 과정에서는 첫 번째 단계에서 도출한 연구 결과를 바탕으로 다양한 팀의 멤버들과 함께 논의합니다. 마치 어벤져스가 지구를 지키는 미션하에 모이듯이, MVP는 주로 해당 프로젝트를 위해 배정된 디자이너, 제품 개발자, 데이터 전문가, 마케팅 전문가 등으로 구성된 팀(Cross Functional Team)에서 브레인스토밍이나 디자인 워크숍을 통해 정해요. 다 같이 모여 아이디어 회의를 하며 출시했을 때 비즈니스 임팩트가 가장 큰 것은 무엇일지 정하고, 그 임팩트가 잠재 사용자의 문제나 목표를 해결해줄 수 있는지 판단합니다.

🧑‍🦰 박 선배의 Tip

다 같이 모여 아이디어 회의를 할 때는 대개 UX 연구원이나 디자이너가 진행자가 되어 회의를 이끌고, 회의에서 합의된 방향성을 토대로 PM과 디자이너가 MVP 방향을 확정합니다. 여러 팀에 소속된 사람들과 논의하면 다양한 견해를 들을 수 있어 보다 현실적으로 MVP 방향을 정할 수 있죠. 예를 들어 UX 연구원이 잠재적 니즈와 문제점을 찾으면 데이터 전문가는 과거의 데이터 자료를 토대로 어떤 것이 MVP가 되어야 하는지 도움을 줍니다. 디자이너는 이 MVP를 사용자 중심적으로 설계할 수 있도록 아이디어를 제시하고, 이를 바탕으로 엔지니어는 주어진 타임라인 안에 기술적으로 실현 가능한 범위를 가늠하고 공유합니다. 아이디어 회의를 통해 얻은 정보와 주어진 시간 리소스를 고려하여, MVP는 반복적인 개발 주기를 통해 구축되기도 해요. 주기적인 회의와 업무 공유를 통해 최종 MVP는 사용자 요구를 충족하면서도 개발 비용과 시간을 최소화하는 최상의 상태로 개발됩니다.

회의를 통해 가장 우선적으로 풀어야 하는 문제를 정했다고 합시다. 아이디어 세션에서는 무엇(What)을 해결해야 하는지 명확히 정할 뿐 아니라 그것을 어떻게(How) 해결할 것인지도 논의해야 합니다. 이때 많은 아이디어가 쏟아지겠죠? 자, 다시 피트니스 앱 예시로 돌아가봅시다. 친구들과 함께 운동하고 음악을 듣는 것이 잠재적 사용자들에게 중요한 목표이자 동기라면, 세션을 통해 이를 충족하기 위한 여러 가지 아이디어를 수집할 수 있을 거예요. 친구들과 운동 기록을 공유하는 대시보드를 추가할 수도 있고, 친구들에게 음악 리스트를 공유할 수 있도록 앱 내부에 새로운 기능을 추가할 수도 있습니다.

세션에서 수집한 모든 디자인 아이디어가 매력적일 수도 있지만, MVP를 충족하기 위해서는 그중 가장 임팩트가 큰 최적의 솔루션을 찾아야 합니다. 이를 위해 몇 가지 추가적인 UX 연구를 진행하는데요. 가장 대표적인 예는 다양한 디자인 콘셉트를 비교 분석 할 수 있는 콘셉트 테스팅(Concept Testing)입니다. 이 밖에도 프로토타입을 이용하여 심층 인터뷰(In-Depth Interviews)나 설문 조사 등의 연구를 할 수도 있어요. 또, 정량적으로 솔루션의 우선 순위를 정하는 기회 점수(Opportunity Score) 방법이나 MVP에 들어갈 기능에 대한 반응을 알아보는 카노 모델(Kano Model) 등을 사용할 수도 있습니다. 다양한 방법을 활용하여 여러 가지 솔루션에 대한 피드백을 받고 데이터를 분석해야 최적의 솔루션, 즉 '테스트할 가치가 있는 솔루션'을 골라낼 수 있습니다.

Step 3 솔루션 테스트하기(두 번째 다이아몬드)

이 단계에서 UX 연구원이 답해야 하는 질문
- 이 솔루션이 정말로 문제를 해결할 수 있는가?

세 번째 단계부터는 조금 더 구체적인 해결 방안과 디자인 방향성을 정합니다. 이 단계에서 UX 연구원은 두 번째 단계에서 도출한 솔루션이 실제로 사용자의 문제를 해결할 수 있는지 테스트

합니다. 기초 연구와 아이디어 회의를 거쳐 선정된 최적의 솔루션이라고 해도, 검증 과정을 거치기 전까지는 그저 가설일 뿐입니다. 검증 과정 없이 이 솔루션들이 실제로 문제를 잘 해결할 것이라 판단한다면 낭패를 볼 수 있어요. 사용자의 의견을 직접 들어보고, 그들이 솔루션을 실제로 어떻게 사용하는지 관찰한 다음 솔루션을 다듬는다면 더 성공적인 결과를 얻을 수 있답니다.

또다시 피트니스 앱 예시로 돌아가 볼게요. 두 번째 단계를 통해 해결했을 때 가장 임팩트가 클 과제를 '친구들과 함께 운동하도록 도와주는 것'으로 설정하고 솔루션을 만들었다고 합시다. 다양한 솔루션 아이디어 중 '앱 내에서 친구들과 실시간으로 얼굴을 보고 운동할 수 있는 기능'이 가장 최적의 솔루션으로 선정되었습니다. 이 아이디어를 바탕으로 바로 앱을 디자인해야 할까요? 아직은 아니에요. 그전에 우리가 기대한 대로 사용자가 운동 과정에서 이 기능을 사용하는지, 친구들과 함께 운동하고 싶어 하는 니즈가 충족되는지 확인해야 합니다.

보통 제품을 론칭할 때는 알파(Alpha) 론칭과 베타(Beta) 론칭 과정이 포함되어 있습니다. 이 두 과정을 통해 아이디어인 '친구들과 실시간으로 얼굴을 보고 운동하는 기능'을 테스트하고 피드백을 받을 수 있습니다. 그럼 테스트는 몇 번 해야 할까요? 테스트는 만족할 만한 솔루션을 찾고 다듬을 때까지 여러 번 반복할 수 있으며, 테스트를 통해서 더 좋은 제품으로 조금씩 다듬어나가는 것이 중요합니다.

 박 선배의 Tip

알파 론칭과 베타 론칭

알파(Alpha) 론칭은 작은 그룹의 사용자를 대상으로 테스트하는 과정이고, 베타(Beta) 론칭은 더 확장된 사용자 그룹을 대상으로 하는 테스트입니다. 왜 두 가지 타입으로 테스트하는 걸까요? 알파 론칭은 작은 그룹의 사용자를 대상으로 삼기 때문에 피드백을 수렴해서 분석하는 시간이 짧습니다. 빠르게 피드백을 받아 제품을 개선할 수 있다는 장점이 있죠. 베타 론칭은 더 많은 사용자에게 다양한 피드백을 받을 수 있어 제품의 장단점을 포괄적으로 파악하고 개선할 수 있습니다. 보통 디자인 초기 단계에서는 최소 기능 상품인 MVP도 버전 0, 버전 1 ··· 처럼 작은 단위로 나눠서 테스트하고, 여러 번의 알파 론칭을 통해 제품을 개선한 후 베타 론칭으로 넘어가곤 합니다.

(Step 4) **솔루션 재수정하기(두 번째 다이아몬드)**

이 단계에서 UX 연구원이 답해야 하는 질문

- 타깃 사용자가 이 솔루션을 잘 이해하고 사용할 수 있는가?

자, 이제 대망의 마지막 단계입니다. 전 단계에서 최적의 솔루션을 찾는 데 포커스를 맞췄다면 이제는 그 솔루션을 좀 더 정교하게 다듬을 차례예요. 이 단계에서는 여러 번의 피드백 과정을 거쳐 솔루션을 재수정해서 궁극적으로 제품의 디자인을 론칭 가능한 수준으로 끌어올립니다. 현업에서 세 번째, 네 번째 단계는 긴밀하게 연결되어서 반복적으로 같이 수행되기도 한답니다. 이렇게 하면 제품의 문제점을 미리 파악하고 사용자가 원하는 솔루션을 높은 수준의 품질로 제공할 수 있습니다. 이를 위해 글로벌 대기업들은 제품 론칭 범위를 점차 넓혀나가는 방법을 쓰기도 합니다. 마이크로소프트에서는 이를 'Deployment Ring'이라고 부르며, 해당 제품의 제작 부서, 20만 명의 내부 직원, 충성 고객, 신제품 체험을 신청한 고객 등을 대상으로 점진적인 배포 단계를 거칩니다.

박 선배의 Tip

모든 이론적인 모델이 그렇듯 더블 다이아몬드 모델의 네 가지 단계는 가장 교과서적이고 확실하지만 현업에서는 이 모든 단계를 그대로 진행하지 않을 수 있답니다. 이를테면 기존 고객에 대한 이해도가 높은 기업은 세 번째와 네 번째 단계를 통해 디자인 솔루션을 검증하고 다듬는 데 집중하기도 하고, 스타트업은 잠재 고객층에 대해 더 잘 알아야 하기 때문에 첫 번째와 두 번째 단계에 더 많은 시간을 할애하기도 해요.

03

UX 연구의
철학적 뿌리와 패러다임

UX 연구의 가장 기본적인 틀

연구라는 단어 때문에 'UX 연구'라고 하면 왠지 거창하게 느껴질 수도 있지만, 사실 그렇지만은 않답니다. 우리는 일상생활에서도 자연스럽게 사람들을 관찰하고 이해하려고 노력합니다. '저런 특징이 있는 사람들은 이런 경향이 있는 것 같아.', '저 사람은 도대체 왜 저렇게 행동하는 걸까?'라고 생각해 본 적이 있지 않나요? 그렇다면 여러분은 이미 인간에 대해 나름의 연구를 하고 있는 것입니다. 연구의 본질은 '모르는 것을 이해하려는 태도'라고 생각합니다. 다만 연구라고 불리기 위해서는 비교적 엄격한 '틀'에 맞추어 진행되어야 합니다. 그 엄격한 틀이 연구가 연구답게 디자인되고 실행되었는가를 판단하는 잣대가 되어주니까요.

연구를 연구답게 디자인하고 실행하기 위해서는 어느 정도의 학습과 연습이 필요하다는 점을 부정하지 않겠습니다. 그것이 UX 연구원이 존재하는 이유이기도 하고요. 하지만 'UX 연구 민주화'라는 트렌드에 따라 요즘 글로벌 빅테크에서는 UX 연구원뿐 아니라 디자이너와 프로덕트 매니저도 UX 연구를 진행하곤 합니다. 이때 UX 연구가 무엇인지 기본적으로 이해하고 있다면 더 좋은 연구를 진행할 수 있겠죠?

따라서 이번 장에서는 그 '틀'에 대해서 다뤄볼까 합니다. 대학원에서 인간-컴퓨터 상호작용(HCI)을 전공하며 배운 것에 대해서도 풀어볼 예정이라 조금은 딱딱하고 지루할지도 모르겠어요. 하지만 이 내용을 소화한다면 언제, 왜, 어떤 UX 연구를 해야 하는지 보다 근본적인 이해가 가능할 거라 생각합니다. 솔직히 말하자면 현업에서 일하는 UX 연구원 중에서도 앞으로 설명해드릴 내용을 잘 모르는 분들이 있습니다. 따라서 '난 이런 어려운 용어들은 정말 이해가 안 돼. 난 UX 연구를 못 할 거야.' 하고 좌절하지 않았으면 좋겠어요.

UX 연구, 그 근본은 철학

저는 새로운 것을 배울 때 항상 '이게 어디서부터 왜 시작된 거지?' 하는 궁금증이 생깁니다. 저처럼 'UX 연구는 도대체 어디에서 온 걸까? 그 뿌리는 뭘까?' 하고 궁금해하실 분들을 위해서 이 내용을 담아 봤어요. 만약 이 내용이 어렵게 느껴진다면 건너뛰어도 무방합니다.

여러분은 '연구'라고 하면 어떤 모습이 떠오르나요? 아마 대부분의 사람들은 흰 가운을 입은 연구원이 무언가를 플라스크에 넣고 보글보글 끓이는 모습을 떠올릴 거예요. 저 또한 대학원에 들어가기 전까지는 그랬고요. 이처럼 많은 사람이 연구를 이공계의 전유물처럼 여기지만, 흥미롭게도 연구의 바탕에는 인문학의 대표 간판이라 할 수 있는 '철학'이 있답니다.

인류는 철학을 통해서 많은 질문을 해결하려고 노력해왔습니다. 가령 '인간은 왜 사는가', '인생의 진정한 의미는 뭘까', '무엇을 안다는 것은 무엇인가' 같은 조금 깊이 있는 질문들 말이에요. 철학에서는 우리가 세상을 이해하는 방식과 방법 등을 통칭하여 '패러다임(Paradigm)'이라고 부릅니다.

모든 사람이 같은 방식으로 세상을 이해하지 않습니다. 모든 지식이 같은 방법으로 습득되는 것도 아니고요. 예를 들면 어떤 지식은 사람들의 이야기를 듣고 그들을 관찰함으로써 얻을 수 있습니다. 프로파일러가 범죄자를 관찰하고 대화를 통해서 그들에 대해 알아가는 것처럼요. 또 어떤 지식은 철저하게 통제된 환경에서 실험을 통해서만 얻을 수 있습니다. 사람에 따라 지식을 습득할 때 선호하는 방식도 다르겠죠. 이런 모든 방식을 포함하는 개념이 바로 패러다임입니다.

'연구' 하면 흔히 떠올리는 이공계 실험은 대개 직접 관찰과 측정을 통해서 세상을 이해하는 방식인 실증주의(Positivism) 패러다임을 철학적 뿌리로 삼고 있어요. 하지만 세상에는 수치로 환산할 수 없는 것도 많습니다. 사람의 감정 같은 것이 대표적인 예입니다. 감정을 정확히 측정하는 게 가능할까요? 두 사람이 똑같이 행복하다고 말할 때, 그 '행복'은 같은 의미와 같은 정도를 지닌다고 볼 수 있을까요? 그 사람이 말하는 '행복'의 의미를 제대로 이해하기 위해서는 그 사람의 이야기를 들어봐야 할 겁니다. 이처럼 이해하고자 하는 대상에 따라 어떤 때는 측정해야 하고, 어떤 때는 듣고 관찰해야 합니다.

UX 연구의 세 가지 방법

UX 연구는 크게 정성 연구(Qualitative Research), 정량 연구(Quantitative Research), 혼합 연구(Mixed-method Research)로 나뉩니다. 정성 연구는 사람들을 관찰하고 그들의 이야기를 듣는 방식으로 진행되는 연구 방법입니다. 어떤 대상을 이해하려고 할 때 그 맥락과 사람들이 각자 어떻게 의미를 형성하는지에 중점을 두는 해석주의(Interpretivism)를 핵심 패러다임으로 삼습니다. 정량 연구는 현상을 숫자로 측정해서 증명하려는 연구 방식으로, 그 뿌리에는 앞서 말한 실증주의 패러다임이 있습니다. 혼합 연구는 두 가지 방식을 모두 사용하는 연구를 말합니다.

사실 실무에서 UX 연구를 할 때 이런 철학적 뿌리에 대한 지식은 그다지 필요하지 않아요. 하지만 세상을 수치로만 이해하려 하는 사람들이 있잖아요? 이러한 뿌리를 공부하다 보면 그동안 인류가 어떤 다양한 패러다임을 통해 세상에 대한 이해를 확장했는지 더 잘 이해할 수 있습니다. 만약 상사가 무조건 측정하는 연구만 고집한다면 이러한 철학적 뿌리를 근거로 모든 걸 측정으로만 해결하면 안되는 이유를 좀 더 자신 있게 설명할 수 있을 거예요.

정성 연구, 정량 연구, 혼합 연구는 어떻게 다른가요?

저는 처음 정성 연구, 정량 연구, 혼합 연구를 접했을 때 너무 헷갈리더라고요. 오히려 영어로 부를 때가 더 직관적으로 이해되었던 것 같아요. 글로벌 빅테크에서는 정성 연구를 Qualitative Research, 정량 연구는 Quantitative Research, 혼합 연구는 Mixed-Method Research라고 부릅니다.

 김 선배의 Tip

정성 연구는 질적 연구라고 부르기도 하는데 업계에서는 정성 연구라는 단어를 더 많이 쓰는 것 같아요. 이와 마찬가지로 정량 연구는 양적 연구로 불리기도 하는데 업계에서는 정량 연구라는 단어를 더 자주 쓰는 느낌이고요. 글로벌 빅테크에서는 정성 연구, 정량 연구를 풀네임인 Qualitative Research, Quantitative Research라고 부르기도 하지만 간략하게 Qual Research나 Quant Research라고 줄여서 부르기도 해요.

영어 표현이 더 직관적이라고 느낀 이유는 Qualitative에는 '질'을 뜻하는 Quality가 들어가고 Quantitative는 '양'을 뜻하는 Quantity랑 비슷하여 의미를 유추할 수 있기 때문이에요. 물론 정성 연구에는 사물의 성질을 뜻하는 '성(性)'이, 정량 연구는 수량을 뜻하는 '량(量)'이 쓰이긴 합니다. 이름에서 짐작하겠지만 정성 연구와 정량 연구의 가장 큰 차이점은 데이터를 수집하고 분석하는 방법에 있습니다.

통상적으로 정량 연구는 숫자로 측정할 수 있는 데이터를 수집해서 그 수치를 기반으로 결과를 도출해내는 연구를 말하고, 정성 연구는 수치로 표현할 수 없는 데이터를 수집해서 결과를 도출해내는 연구를 말합니다. 그렇다면 혼합 연구는 뭘까요? 짬뽕과 자장면을 한 그릇에 담은 짬짜면을 떠올리셨다면 정답입니다. 두 가지 연구 방식을 함께 채택해서 연구 결과를 도출해내는 게 바로 혼합 연구예요.

모든 연구 방법을 동시에 사용하는 것이 좋지 않냐고 생각하실 수 있지만 그렇지 않아요. 연구를 통해서 무엇을 이루고 싶은 지에 따라 연구 방법이 달라집니다. 이를 연구 목적(Research Objective)이라고 부르는데, 연구 계획서를 쓸 때 가장 먼저 써야 하는 핵심 파트랍니다. 연구원은 '그래서, 네가 이 연구를 통해 알고 싶은 게 정확하게 뭔데?'라는 질문에 제대로 답할 수 있어야 하거든요. 343쪽에 연구 보고서 템플릿을 부록으로 첨부해두었으니 궁금하신 분은 읽어보시길 바라요.

정성 연구, 정량 연구, 혼합 연구가 무슨 뜻인지 기본적인 이해가 되셨다면 이제 각 연구 방식을 언제, 왜, 어떻게 써야 하는지 알아볼게요. 각 연구 방식의 쓰임새와 한계를 알면, 여러분의 상사가 "무조건 데이터 로그를 확인해봐야 돼!" 혹은 "무조건 설문지 돌려야 돼!" 하고 근거 없는 지시를 내릴 때, 효과적으로 반박할 수 있을 뿐 아니라 정말 필요한 연구 방식을 선택할 수 있을 거예요.

04

정성 연구,
언제 어떻게 쓰나요?

앞서 연구 목적이 중요하다고 했는데 그 이유는 무엇일까요? 연구 목적에 따라 연구를 통해서 답해야 할 질문이 달라지기 때문입니다. 여러분이 아마존이나 쿠팡과 같은 이커머스 회사에 다닌다고 가정해봅시다. 새로운 서비스를 출시하고 마케팅도 열심히 했지만 막상 오픈하니 예상 외로 사람들이 서비스를 많이 이용하지 않습니다. 분명 마켓 리서치°를 통해 서비스를 이용할 것으로 예상되는 잠재 사용자 수를 제대로 유추했는데 말이죠. 서비스 자체는 마켓 리서치에서 발견한 대로 정말 많은 사람에게 필요할지도 몰라요. 하지만 제대로 만들지 않았다면 사람들이 안 쓰는 건 당

° 마켓 리서치에 대한 설명은 266쪽에서 자세히 다룹니다.

연하겠죠. 이때 회사는 UX 연구원인 당신에게 긴급히 SOS를 칩니다. 당신은 왜, 어떤 맥락에서 사람들이 이 서비스를 사용하지 않는지 알아내야 합니다.

이때 가장 효과적인 연구 방법은 정성 연구일 것입니다. 선입견 없이 직접 사용자를 관찰하고 그들과 대화함으로써 문제점이 무엇인지 찾아내야 하기 때문이에요. 문제의 원인이 명확하지 않다면 설문지나 데이터만으로 성급한 판단을 내리지 않도록 주의해야 해요. 사용자를 직접 관찰하거나 그들과 대화하지 않고 선입견을 가지고 무엇이 문제인지 추측만 한다면 정말 본질적인 문제점을 놓칠 수 있기 때문입니다. 또한 앞서 언급한 것처럼 사람의 감정 등 정확하게 수치화할 수 없는 것을 연구할 때는 깊은 맥락을 들여다볼 수 있는 정성 연구가 적합한 경우가 많죠.

정성 연구가 효과적으로 사용되는 사례는 다음과 같습니다.

- **제품/서비스 개발 초기 단계**: 잠재 사용자에 대해 잘 알지 못할 때, 직접 대화를 통해 잠재 사용자의 니즈 및 기존의 솔루션에 대한 그들의 경험과 견해를 자세히 알아볼 수 있습니다.
- **디자인 단계**: 사용자와 직접적인 대화를 나누며 다양한 디자인 콘셉트 (Design Concept)나 방향성에 대한 피드백을 수렴할 수 있습니다.
- **제품/서비스/디자인의 문제점을 파악하고 개선하고자 할 때**: 사용자의

구체적인 경험과 불편 사항을 직접 듣고 원인을 자세히 파악하여 개선 방향을 찾을 수 있습니다.

• **사용자와 직접 대화 또는 장·단기간 관찰이 필요할 때**: 각 단계에서 사용자가 제품/서비스와 어떻게 상호작용하는지, 제품/서비스가 그들의 삶에 얼마나 깊이 녹아들어 있는지 심도 있는 정보를 획득할 수 있습니다.

• **제품/서비스의 어떤 단계에서 사용자 인게이지먼트(User Engagement) 나 전환율(Conversion Rate)**⁎ **이 급감했을 때**: 사용자와 직접 대화를 나눔으로써 해당 단계의 근본적인 문제를 파악할 수 있습니다.

🧑 김 선배의 Tip

여전히 언제 정성 연구를 써야 하는지 감이 잡히지 않는다면 연구 질문에 왜 (Why), 무엇을(What), 어떤 맥락에서(In what context) 등이 들어가 있는지 확인해 보세요. 이러한 키워드가 포함되어 있다면 데이터 측정으로 답을 구하기보다는 질의 문답을 통해서 깊이 있는 맥락적 데이터를 얻어야 하므로 정성 연구를 사용해야 합니다. 연구를 위해 수집해야 하는 데이터가 숫자로 정확하게 측정되는지, 대화나 관찰을 통해서 더 잘 이해될 수 있는지 생각해 볼 수도 있겠죠.

⁎ 회사에서 사용자가 어떤 행동을 취해주기를 원한다고 합시다. 전환율(Conversion Rate)은 실제로 해당 행동을 취하는 사용자의 비율이에요. 예를 들어 아마존에서 프라임 서비스를 론칭했다면 전환율은 전체 사용자 중 프라임 서비스를 구독하게 된 사용자의 비율이 됩니다.

05

핵심 정성 연구 방법:
1:1 반구조화 인터뷰

정성 연구에는 직·간접 관찰, 그룹 인터뷰, 다이어리 연구 등 다양한 방법이 있지만 그중에서 가장 널리 다양하게 쓰이는 건 아무래도 한 명의 참여자와 직접 대화하는 1:1 인터뷰(One-to-One Interview)가 아닐까 싶어요. 1:1 인터뷰는 대개 30~60분간 한 명의 참여자와 대화를 나누는 방식으로 이뤄집니다. UX 연구원은 미리 준비해 간 질문지를 토대로 참여자에게 물어보죠.

관찰이나 다이어리 연구 같은 방법은 해답을 구하는 데 시간이 오래 걸리지만, 1:1 인터뷰는 해답을 참여자에게서 직접 구하기 때문에 더 효율적이고 많이 선호되는 편입니다. 또한 한 사람의 의견을 온전히 들을 수 있기 때문에 그룹 인터뷰보다 빈번하게 채택되기도 하고요. 하지만 그룹 인터뷰나 다이어리 연구가 더 적합한 경우도 있어요. 언제, 어떤 연구가 필요한지에 관해서는 328쪽에 부록으로 정리해 놓았으니 참고하세요. 자, 그럼 1:1 인터뷰를 어떻게 준비하고 실행하는지 단계별로 자세하게 알려드릴게요.

Step 1) 인터뷰 계획 및 참가자 모집

이 단계에서는 주로 한 명의 연구원이 주도적으로 인터뷰 계획을 세우고 그 계획에 맞게 참여자를 모집합니다. 인터뷰 계획을 세울 때는 인터뷰를 통해서 얻고자 하는 목표를 정확하게 설정하고 그 목표가 스테이크홀더(Stakeholder), 즉 이해관계자의 목표와 기대치에 부합하는지 확인하는 작업이 가장 중요합니다.

 김 선배의 Tip ─────────────────────

UX 연구의 이해관계자, 스테이크홀더

UX 연구는 연구 팀 자체적으로 '이런 연구를 하면 회사에 도움이 되겠다.'라고 판단하여 시작하는 경우도 있고, 대개는 PM이나 제품 디자인 및 개발과 관련된 분들의 요청에 의하여 이뤄집니다. 연구를 요청한 주체가 있을 때는 그들이 스테이크홀더가 되고, 연구를 요청한 주체가 없다면 이 연구를 통해 좀 더 직접적으로 수혜를 받을 분들이 스테이크홀더가 됩니다. 연구 요청 없이 연구 팀 자체적으로 시작한 프로젝트라고 해도 스테이크홀더를 확실히 선정하고 그들과 미리미리 소

통해야 합니다. UX 연구가 연구에 그치지 않으려면 스테이크홀더를 명확히 설정하고 연구 방향성이 그들의 목표와 기대치에 부합하는지 파악하는 것이 중요합니다. 그래야만 스테이크홀더들이 연구 결과를 반영하여 제품에 유의미한 변화를 가져올 확률이 높기 때문입니다. 199쪽에서 누구와 어떻게 협업하는지에 대해서 더 자세히 다루겠지만, 현업에서 스테이크홀더는 주로 디자인의 방향성을 실질적으로 이끌어나가는 PM과 디자이너입니다.

저는 이 단계에서 주로 인터뷰 연구 계획서와 인터뷰 대본을 작성합니다. 334쪽 부록에서 더 자세히 보여드리겠지만 연구 계획서는 스테이크홀더와 함께 연구 목표와 타임라인 등을 공유하고 소통하기 위해서 작성하는 것이고, 인터뷰 대본은 연구 참가자들을 인터뷰할 때 쓰입니다.

인터뷰 연구 계획서

우선, 연구 계획서에 기본적으로 포함되는 내용을 알아봅시다.

- **비즈니스 목표 & 프로젝트 배경(Business Goals & Project Background):** 이 연구를 통해 충족하고자 하는 스테이크홀더의 목표를 명시합니다. 연구 계획서를 스테이크홀더와 공유할 때 이 부분이 그들의 방향성과 일치하는지 확인해야 합니다. 프로젝트 관련 링크 등 배경 정보들도 이 항목에

포함합니다.

- **스테이크홀더의 가설 혹은 추측(Assumptions)**: 저는 이 부분이 연구원의 역량을 보여주는 꽤 흥미로운 부분이라고 생각하는데요. 우리는 대부분 스스로가 얼마나 많은 가설이나 추측에 기대어 어떤 판단이나 결정을 내리는지 자각하지 못해요. 스테이크홀더가 연구 리퀘스트를 만들 때도 마찬가지입니다. 예를 들어 스테이크홀더가 "사람들이 왜 이 기능을 안 좋아하는지 알고 싶어요."라고 말한다면, 연구 목표는 무조건 기능의 선호도 조사가 되어야 할까요? 좋은 연구원이라면 이 말에 담긴 많은 가설과 추측을 인지해야 합니다. 스테이크홀더가 무의식적으로 사람들이 기능을 좋아하지 않기 때문에 사용하지 않는다는 가정하에 생각하고 있다는 사실을요. 기능이 잘 보이지 않아 접근성이 안 좋거나, 다른 다양한 이유로 사람들이 해당 기능을 사용하지 않을 수도 있는데 말이죠. 따라서 연구원이 이 부분을 제대로 인식하고 계획서에 명시하여 스테이크홀더와 정확히 소통해야 합니다. 또한 가설을 명확히 이해하여 보다 근원적인 연구 목표와 질문을 설정할 수 있습니다.

- **연구 목표(Research Objectives)**: 앞서 정리한 비즈니스 목표를 이루기 위해서 연구를 통해 알아야 할 '연구 목표'를 명확히 설정합니다. 비즈니스 목표와 연구 목표는 서로 다르기 때문에 이를 명확히 설정하는 것이 좋습니다. 유명한 동영상 공유 플랫폼인 틱톡(TikTok)을 예로 들어 볼게요. 틱톡의 비즈니스 목표가 '사용자들이 틱톡을 더 자주, 더 많이 쓰게 하는 것'이라고 해봅시다. 이 비즈니스 목표를 이루기 위해서는 일단 사용

자에 대해 알아야 하고 그들의 사용 동기와 경험을 이해해야 합니다. 따라서 연구 목표는 '틱톡의 사용자 층과 그들의 동기, 현재 사용 경험을 알아보는 것'이라고 설정할 수 있습니다.

- **연구 질문(Research Questions)**: 앞서 설정한 연구 목표를 달성하기 위해 이 연구에서 답을 얻어내야 하는 연구 질문을 구체화합니다. 앞선 틱톡의 예시에서 설정한 연구 목표를 달성하기 위해서 여러 가지 연구 질문을 정할 수 있겠죠? 몇 가지 예시를 들어보자면 다음과 같습니다.

    - 틱톡 사용자들은 어떤 특징이 있나요?
    - 그들은 주로 어떤 플랫폼 혹은 디바이스로 틱톡에 접속하나요? 그 이유는 무엇일까요?
    - 그들이 틱톡을 사용하는 주요 동기는 무엇일까요?
    - 그들은 주로 어떻게 틱톡을 사용하고 있을까요?
    - 그들은 틱톡의 어떤 콘텐츠를 선호하나요?
    - 그들이 틱톡 앱을 종료하거나 계속 사용하게 되는 특정한 구간이나 맥락이 있나요?
    - 그들이 틱톡을 사용하면서 느끼는 불편한 점은 무엇이 있을까요?

- **프로젝트 결과물(Deliverables)**: 연구를 통해 도출할 결과물에 대해서도 간략하게 명시하곤 합니다. 앞서 사용된 틱톡 예제에서는 사용자에 대한 이해도를 높일 수 있는 '유저 페르소나'와 사용자가 경험하는 맥락을 더 잘 이해할 수 있는 '사용자 여정 지도' 등을 포함할 수 있겠죠.

- **연구 참여자 조건과 모집 인원(Participants & Recruitment Criteria):** 연구 목표를 달성하기 위해서 필요한 참가자의 조건과 모집해야 하는 최소 인원수를 명시합니다. 연구 질문에 제대로 답변할 수 있는 참여자를 모집하기 위해서는 참여 조건을 올바르게 설정해야 합니다.

- **연구 방식 및 절차(Research Methods & Procedure):** 대략적으로 어떤 연구 방식을 채택하고 어떻게 수행할 것인지 서술합니다. 인터뷰 연구를 위한 계획서이므로 대략적으로 인터뷰를 몇 분 동안 어떻게 진행할 것인지 짧게 서술하면 됩니다. 인터뷰는 대개 인터뷰를 진행하는 모더레이터(Moderator), 인터뷰 내용을 받아 적는 노트테이커, 참여자로 구성되는데요. 누가 노트테이커 역할을 맡을지 여기에 서술하기도 합니다.

- **잠정 타임라인(Tentative Timeline):** 연구 결과는 스테이크홀더에게 시의적절하게 공유되었을 때만 유의미합니다. 아무리 좋은 연구 결과도 제품 생산 후에 공유된다면 디자이너나 PM이 이를 반영할 시간이 없기 때문에 무용지물이 되고 말죠. 따라서 언제가 가장 효과적일지에 대한 논의가 필요합니다.

- **비밀 유지 계약서(Non-Disclosure Agreement)와 기타 자료:** 통칭 NDA라고 불리며 아직 대중에게 공개되지 않은 디자인 등을 보여줘야 할 경우 비밀 유지 계약서에 서명한 참여자만 연구에 포함할 수 있어요.

앞에서 설명한 틀은 인터뷰 연구뿐 아니라 다른 연구에도 쓸 수 있습니다. 하지만 하나의 예시일 뿐 순서나 정확한 구성은 같은 조직에서도 팀마다 다를 수 있어요. 연구원에 따라 다양한 항목을 추가하거나 빼기도 하고요. 예를 들어, '스테이크홀더가 참여자에게 꼭 물어보기를 원하는 질문'이라는 항목이나 참여자 모집 때 사용할 '스크리너 질문지®' 항목을 추가할 수 있겠죠. 334쪽에 UX 연구 계획서 샘플을 부록으로 첨부해 두었으니, 더 자세히 알고 싶은 분은 참고하세요.

인터뷰의 세 가지 방식

인터뷰는 이론적으로 다음과 같이 세 가지 방식으로 진행합니다.

- **구조화 인터뷰(Structured Interview)**: 인터뷰에서 사용할 모든 질문과 그 순서가 인터뷰 대본 혹은 스크립트에 명시되어 있으며, 모더레이터는 스크립트를 철저히 따라야 합니다. 구조화 인터뷰의 가장 큰 장점은 참여자에게 동일한 질문을 동일한 순서로 물어볼 수 있다는 점입니다.
- **반구조화 인터뷰(Semi-Structured Interview)**: 인터뷰에서 사용할

---

* 스크리너는 해당 참여자가 연구 참여 모집 요건에 적합한지 확인하기 위해 만든 질문지입니다. 따라서 참여자를 모집할 때 참여자가 자연스럽게 스크리너를 먼저 접할 수 있도록 해야 합니다. 온라인 설문지 형태로 작성한 스크리너를 참여자 모집 공고에 포함시켜 참여자가 이를 작성해야만 연구에 지원할 수 있게 하는 방식이 일반적입니다.

핵심 질문들은 스크립트에 명시되어 있으며, 모더레이터의 재량으로 부가적인 질문들을 추가할 수 있습니다. 모더레이터는 참여자의 이야기를 들으면서 필요에 따라 연구에 도움이 될 만한 질문을 융통성 있게 추가할 수 있고, 대화가 자연스럽게 이어지도록 질문 순서를 바꿀 수도 있습니다.

• **비구조화 인터뷰(Unstructured Interview)**: 정해진 질문 없이 모더레이터가 참여자에게 연구 주제에 관련된 질문을 할 수 있습니다.

구조화를 덜하면 덜할수록 모더레이터에게 더 많은 자율이 주어지지만 그만큼 모더레이터의 능력이 중요해집니다. 또 너무 비구조화된 인터뷰를 통해 얻은 데이터는 인터뷰 결과를 분석할 때 애로 사항이 있기 때문에 업계에서는 주로 반구조화 인터뷰 형식을 채택해요.

반구조화 인터뷰 스크립트
반구조화 인터뷰의 스크립트는 다음과 같이 구성됩니다.

• **인트로덕션**: 질의응답을 시작하기 전에 진행자와 참여자가 서로를 소개함으로써 라포(Rapport), 즉 인터뷰 참여자와의 공감대와 유대감을 형성할 수 있습니다. 인터뷰가 어떻게 흘러갈 것인지 참여자에게 간략히 소개할 수도 있겠죠. 유능한 모더레이터는 이 단계에서 참여자와 좋은 라포를 형성할 뿐 아니라 나중에 핵심 질문을 할 때 필요한 정보들을 미리 얻

어냅니다.

- **인터뷰 가이드라인 소개**: 질의응답을 시작하기 전에 인터뷰 데이터를 어떻게 수집하고 활용할 것인지 참여자에게 투명하게 알려줘야 하며, 참여자의 권리에 대해서도 안내해야 합니다. 비밀 유지 계약서 작성이 필요하다면 이 단계에서 참여자의 서명을 받을 수 있습니다. 인터뷰 내용을 녹음한다면 녹음 시작 전 미리 동의를 받아야 하고요.

- **인터뷰 질의응답**: 연구 계획서에서 설정한 연구 질문에 대한 답을 얻기 위해 참여자에게 반드시 물어야 할 내용을 질문합니다.

- **마무리**: 인터뷰를 끝내기 전에 참여자에게 혹시 미처 하지 못한 말이 있는지, 덧붙이거나 궁금한 점이 있는지 물어봐야 합니다. 이 과정에서 인터뷰를 계획하며 예상하지 못했던 부분을 배우기도 합니다. 인터뷰 프로세스가 어땠는지 피드백을 받을 수도 있고요. 마지막 인사를 나누기 전에 모더레이터의 회사 이메일을 공유하면 이후에 참여자가 덧붙이고 싶은 내용이 있거나 질문이 있을 때 물어볼 수 있습니다.

Step 2 **반구조화 인터뷰**

인터뷰를 할 때 가장 중요한 것은 무엇일까요? 바로 참여자가 자신의 생각을 편하게 공유할 수 있도록 분위기를 조성하는 것입니다. 참여자의 진솔한 생각을 자연스럽게 이끌어낼 때 비로소 좋은 데이터를 얻을 수 있거든요. 이를 위해 라포를 형성하고 참여자의 말을 경청하는 자세가 매우 중요합니다.

정성 연구에 익숙하지 않은 분들이 인터뷰에서 가장 빈번하게 하는 실수가 유도 질문(Leading Questions)입니다. 참여자 본연의 생각을 이끌어내기 위해서는 유도 질문을 피하고 '네' 또는 '아니요'로 대답할 수 있는 폐쇄형 질문(Closed Questions)보다 깊고 다양한 응답을 이끌어낼 수 있는 개방형 질문(Open Questions)을 해야 합니다. 질문의 종류가 왜 이렇게 많냐고요? 걱정 마세요! 하나하나 설명해 드릴게요.

폐쇄형 질문

폐쇄형 질문(Closed Questions)은 답변이 '네', '아니요' 등 정해진 카테고리 안에서만 나오게 하는 질문입니다. 최대한 깊이 있고 자연스러운 피드백을 받으려면 이어서 다룰 개방형 질문을 사용하는 것이 좋지만, 폐쇄형 질문이 반드시 필요하다면 개방형 질문을 최대한 다 물은 후에 물어보기를 추천합니다.

예를 들어 참여자에게 두 가지 디자인을 보여주고 "A와 B 중 어떤 디자인을 더 선호하세요?"라고 질문하면 참여자는 A와 B 중 하나를 꼭 골라야 합니다. 하지만 어떤 점에서는 A가 좋고 또 다른 점에서는 B가 더 괜찮을 수도 있고, 두 디자인에 대해 여러 가지 다른 생각이 있을 수도 있겠죠. 따라서 처음에는 "두 디자인에 대해 어떻게 생각하세요?"라고 개방형 질문으로 물어본다면 다양한 피드백을 놓치지 않을 수 있을 거예요.

개방형 질문

개방형 질문(Open Questions)은 폐쇄형 질문과 반대라고 보시면 돼요. 폐쇄형 질문이 정해진 카테고리 안에서만 답이 나오게 한다면, 개방형 질문은 참여자에게 자유를 부여해서 참여자 본연의 생각을 최대한 끌어내는 질문이에요. '무엇을(What)', '어떻게(How)', '왜(Why)'를 사용해서 물어보는 질문들이 대부분 여기에 해당됩니다.

유도 질문

유도 질문(Leading Questions)은 특정한 답변을 유도하도록 설계된 질문을 의미합니다. 온라인 쇼핑몰의 구매 프로세스를 개선하기 위해 고안된 새로운 서비스 디자인에 대한 피드백을 받는다고 가정해봅시다. 모더레이터가 참여자에게 디자인을 보여주고 "새로운 서비스가 구매 프로세스를 더 손쉽고 빠르게 만들었다고 생각하시나요?"라고 물어보았습니다. 단순하게 생각하면 지극히 당연한 질문일지도 모르지만, 이는 여러 가지 측면에서 유도 질문이 될 가능성이 높습니다.

대면 인터뷰의 특성상, 참여자는 사회적 부담감으로 인해 실제로 그렇게 생각하지 않음에도 불구하고 새로운 서비스가 구매 프로세스를 더 손쉽고 빠르게 만든 것 같다고 대답할 수 있습니다. "네… 그런 것 같습니다."라고 말이죠. 또, 오로지 '손쉽고 빠른지 아닌지'에만 집중하여 서비스의 다른 측면에 대한 피드백은 전혀 받지 못할 가능성이 높습니다. 가령, 새로운 서비스가 구매 프로세스를 아주 조금 빠르게 만든 대신, 다른 심각한 문제를 초래했을 수도 있는데 이런 문제점은 놓칠 수도 있는 것이죠.

따라서 처음에는 '새로운 서비스에 대해 어떻게 생각하시나요?' 와 같은 개방형 질문을 사용해서 참여자의 가장 자연스러운 피드백을 받는 것에 초점을 맞춰야 합니다. 실제로 새로운 서비스가 구매 프로세스를 손쉽게 만들었다면 모더레이터가 묻기도 전에 "새로운 서비스 덕분에 구매 과정이 빨라져서 좋아요!" 하고 대답할 가능성이 높습니다. 초점을 좁혀 물어봐야 하는 질문들은 최대한 맨 마지막에 배치하는 것이 좋습니다.

꼬리 질문

꼬리 질문(Follow-Up Questions)은 아주 쉽지만 은근히 효과적인 질문이에요. '말 꼬리를 잡는다'라는 표현이 있죠? 꼬리 질문도 비슷해요. 참여자가 어떤 이야기를 했을 때 "오, 혹시 그 부분에 대해서 더 이야기해주실 수 있을까요?", "혹시 예를 들어주실 수 있을까요?" 등의 질문으로 관심 있는 부분에 대해 더욱 더 자세히 듣기 위해서 사용해요. 모더레이터는 말을 많이 하지 않고도 참여자로부터 다양한 피드백을 끌어낼 수 있어야 하는데 꼬리 질문은 참여자를 유도하지 않으면서도 구체적이고 자세한 피드백을 얻는 데 아주 효과적이에요.

 김 선배의 Tip

효과적인 인터뷰 팀을 구성하는 방법과 디브리핑

인터뷰는 보통 인터뷰를 진행하는 모더레이터 한 명과 인터뷰 내용을 받아 적는 노트테이커 한 명이 팀으로 참여합니다. 제품의 방향성을 이끄는 프로덕트 매니 저나 디자이너, 개발자 등의 스테이크홀더가 노트테이커 역할을 맡으면 참여자 의 의견을 생생하게 들을 수 있기 때문에 인터뷰 효과가 극대화될 수 있답니다. 다만, 한꺼번에 너무 많은 스테이크홀더가 들어오면 참여자가 위축될 수도 있으 니, 노트테이커는 최대 2~3명으로 제한하고 돌아가면서 노트테이킹을 하는 것 도 좋은 방법입니다.

인터뷰가 끝나면 인터뷰에 참여한 스테이크홀더들과 함께 각자가 얻은 인사이트 를 공유하고 간략하게 논의하는 '디브리핑(Debriefing)'을 진행하는 것이 좋습니 다. 디브리핑을 통해 인터뷰 데이터를 다양한 관점에서 바라볼 수 있고, 무엇보다 스테이크홀더가 인터뷰 데이터를 이해하는 데 도움이 되기 때문에 추후 연구 결 과를 발표할 때 손쉽게 그들의 공감을 얻어낼 수 있어요.

간단한 인터뷰 체크리스트

인터뷰를 잘해서 좋은 피드백을 이끌어내는 것도 중요하지만, 인터뷰에서 수집한 데이터가 어떻게 쓰일지 참여자에게 고지하고, 비밀 유지 계약서의 중요성에 대해서 다시 한번 강조하는 일 등도 간과하기 쉽지만 매우 중요해요. 체크리스트를 이용해서 이런 부분을 관리하면 실무가 한결 수월해집니다. 몇 가지 유용한 예시를 알려드릴게요.

- 인터뷰에 같이 참여할 팀 동료들 먼저 소개하기
- 비밀 유지 계약서에 대해 안내하고 서명 받기
- 인터뷰 데이터 녹화에 대해 동의를 받고 녹화 시작하기
- 인터뷰 시작 전 자료 보여주기(링크가 있다면 준비할 것)

(Step 3) **인터뷰 데이터 분석: 어피니티 다이어그래밍**

정성 연구를 해보지 않은 분들이 가장 막막하게 생각하는 부분이 바로 인터뷰 데이터를 분석하고 인사이트를 도출하는 방법일 거예요. 인터뷰를 통해 수집한 데이터에서 가장 손쉽고 효과적으로 인사이트를 뽑아내는 방법은 '어피니티 다이어그래밍(Affinity Diagramming)'입니다. 다른 분석 방법보다 시간도 적게 걸려서 업계에서도 많이 쓰인답니다. 어피니티 다이어그래밍은 여러 사람과 토론하면서 함께 인사이트를 도출하기 때문에 정성 데이터

분석에 자신이 없는 분에게 더욱 효과적입니다.

어피니티 다이어그래밍을 이용하여 데이터에서 인사이트를 도출하는 과정은 다음과 같습니다.

① 모든 데이터를 포스트잇으로 옮기기

어피니티 다이어그래밍에 참여하는 구성원들은 인터뷰 녹화본을 보면서 중요한 아이디어나 내용을 포스트잇에 적습니다. 이때, 참여자의 발언을 직접 인용하여 덧붙이면 아이디어나 노트를 효과적으로 뒷받침할 수 있겠죠. 가령 참여자가 "아⋯. 저 이 버튼이 있는지도 몰랐어요."라고 말했다면 포스트잇에 '발견 용이성 문제(Discoverability Issue)'라고 적고 참여자가 실제로 한 말(Quote)을 덧붙일 수 있겠죠. 인터뷰 중 작성한 노트가 있다면 그 내용도 포스트잇으로 옮겨줍니다.

② 비슷한 포스트잇끼리 그룹 만들기

포스트잇을 모두 붙였다면 중복되는 포스트잇은 뺀 다음, 팀원들과 함께 유사한 내용을 가진 포스트잇을 모아 그룹으로 만들어 봅니다.

③ 그룹을 표현할 수 있는 레이블 붙이기

포스트잇 그룹이 완성됐다면 이제 토론을 통해 각각의 그룹을 표현할 수 있는 레이블을 붙여줍니다. 이 레이블들은 인터뷰를 통해서 알아낸 파인딩(Finding)이 됩니다. 보다 깊이 있는 파인딩은 인사이트(Insight)로 분류되고요.

어피니티 다이어그래밍을 통해 핵심 파인딩(Key Findings), 핵심 인사이트(Key Insights), 참여자의 핵심 멘트(Key Quotes)를 도출했다면 어피니티 다이어그래밍을 성공적으로 수행하신 겁니다.

 김 선배의 Tip

파인딩 vs. 인사이트, 어떤 차이점이 있을까요?

데이터에서 발견한 '패턴'을 파인딩(Finding)이라고 부른다면, '패턴 뒤에 숨은 더 깊은 의미'를 인사이트(Insight)라고 부릅니다. 패턴이 '왜' 일어나는지에 대한 발견인 것이죠.

예를 들어 드롭박스가 다른 비슷한 웹사이트에 비해 회원가입 도중 포기하는 사람이 더 적다는 '패턴'이 발견되었다고 합시다. 이 패턴은 파인딩에 해당됩니다. 이러한 패턴이 '왜' 발생하는지 들여다보니, 사람들은 정보를 잘못 입력하여 가입이 안 되면 회원가입을 포기하는데 드롭박스는 무엇을 잘못 입력했는지 정확하게 알려주어서 사용자가 회원가입을 쉽게 마무리할 수 있도록 돕고 있었습니다.

이러한 이유를 '인사이트'라고 부를 수 있습니다.

▲ 클라우드 스토리지 서비스 '드롭박스' 회원가입 창의 예시

어피니티 다이어그래밍을 하며 각 그룹에 레이블을 붙이다 보면 단순하게 수집된 데이터들이 어떻게 고차원적인 파인딩 혹은 인사이트로 진화하는지 목격하게 됩니다. 그룹 간의 관계를 살피는 과정에서 유의미한 인사이트를 얻는 경우도 종종 있고요. 가령 '드롭박스가 여타 비슷한 사이트에 비해 회원가입 시 이탈하는 사람이 적더라.'라는 데이터 패턴(파인딩)을 발견했고, '정보를 잘못 입력해서 다시 입력해야 할 때 대다수가 회원가입을 포기하더라.'라는 패턴을 발견했다고 가정해 봅시다. 두 가지 패턴을 종합해 보면 '사용자가 정보를 잘못 입력했을 때, 드롭박스가 타사 서비스보다 효과적인 디자인을 제공하는구나!'라는 답이 나옵니다. 이두 가지 패턴 뒤에 숨겨진 이유, 즉 인사이트를 도출하게 되는 것이죠. 각 그룹 간의 관계를 살펴보면 더 포괄적이고 고차원적인 인사이트를 도출할 수 있어요.

학계에서는 정성 데이터를 심층적으로 분석하기 위해 어피니티 다이어그래밍보다는 '질적 주제 분석(Thematic Analysis)'이라는 방법을 이용해요. 제가 HCI 학계에서 제일 유명한 'CHI'에 발표한 연구를 할 때도 이 방식을 이용해서 정성 데이터를 분석했어요. 질적 주제 분석은 정성 연구로 얻은 데이터의 패턴을 찾아 분석하는 방법으로, 그 종류가 정말 다양하므로 이를 한 문장으로 온전히 정의하기는 어려워요. 하지만 관심 있는 분들은 이 분야에서 가장 유명한 버지니아 브라운(Virginia Braun), 빅토리아 클라크(Victoria Clarke) 교수의 관련 논문과 책을 읽어보길 추천합니다.

Step 4 연구 결과물 생성 및 공유

UX 연구 결과가 디자인이나 개발처럼 눈에 보이는 결과물이었다면 좀 더 편했을지도 몰라요. 하지만 UX 연구의 역할은 스테이크홀더가 사용자를 위한 방향으로 제품을 개선하도록 도와주는 것이죠. 따라서, 스테이크홀더에게 적극적으로 연구 결과를 공유하고 효과적으로 전달하는 일이 무엇보다도 중요합니다.

이를 위해서 UX 연구원은 연구 결과를 PPT로 공유할 때 다양한 스토리텔링(Storytelling) 기법으로 스테이크홀더가 관심을 갖고 결과를 쉽게 이해하도록 돕기도 하고, 인터뷰 중 녹화한 영상을 삽입해서 스테이크홀더가 사용자의 목소리를 좀 더 생생하게 듣고 느낄 수 있도록 하기도 해요.

UX 연구는 학계와 달리 연구 결과 공유에서 그치지 않습니다. 연구 결과가 사용자를 위한 방향으로 제품을 변화시킬 수 있어야만 연구에 쏟은 피, 땀, 눈물이 의미 있다고 생각해요. 이를 위해 디자인 워크숍을 열어 스테이크홀더와 함께 연구 결과를 제품의 로드맵에 어떻게 반영할지 브레인스토밍을 하기도 하고, 연구 결과를 바탕으로 어떤 '액션'을 취해 제품에 변화를 가져올 것인지 적은 액션 아이템(Action Item) 리스트를 만들어보기도 해요. 길게 느껴질 수 있는 여정이지만 사용자가 보다 안전하고 쉽고 즐겁게 사용할 수 있는 제품이 만들어지는 걸 보면 뿌듯하기도 해서 그야말로 에중(?)의 여정인 것 같아요.

06

정량 연구, 언제 어떻게 쓰나요?

　정성 연구에 대해 자세히 살펴보았으니 이제 정량 연구에 대해서 알아보도록 합시다. 정량 연구도 정성 연구와 마찬가지로 사용자에 대한 인사이트를 얻는 것이 목적이에요. 연구 질문에 왜(Why), 무엇을(What), 어떤 맥락에서(In what context) 등이 들어가면 정성 연구가 필요할 확률이 높다고 했었죠? 정성 연구가 미지의 영역을 탐구하는 기초 연구(Foundational Research)나 깊은 맥락과 이유를 파악할 때 효과적이라면, 정량 연구는 어떤 것을 증명하거나 측정하기 위해 사용됩니다. 따라서 연구 목적에 검증(Validate) 혹은 얼마나(How much/many)와 같은 단어가 나온다면 정량 연구가 효과적일 확률이 높아요.

정량 연구가 효과적으로 사용되는 사례는 다음과 같습니다.

- **사용자 관련 데이터 분포 파악**: 설문지를 통해 사용자 특성, 행동 양식, 피드백 등 사용자 관련 데이터의 분포를 포괄적으로 파악할 때 쓰여요.
- **디자인 솔루션 비교**: 디자인 솔루션 옵션이 여러 가지일 때, 어떤 솔루션이 더 나은지 '검증'하기 위해 쓰이기도 합니다.
- **사용자 경험 데이터 트래킹 및 분석**: 계속 진화하는 사용자의 기대치에 부응하고 이탈을 방지하기 위해 제품 론칭 후에도 장기적인 관점에서 벤치마킹 데이터를 추적하고 분석하는 데 쓰이기도 해요.
- **가설 검증**: 실험이나 설문지를 통해 가설 검증에 쓰일 수 있어요. 새롭게 선보이는 결제 프로세스 디자인으로 결제 과정이 더 빨라질 거라 예상한다면, 이는 아직 검증되지 않은 기대이므로 가설입니다. 정량 연구를 통해 이 가설을 '검증'할 수 있습니다.
- **정성 연구로 얻은 인사이트를 수치로 이해해야 할 때**: 정성 연구를 통해 사용자의 니즈를 파악했다면, 이 니즈의 '정도'를 측정하기 위해 정량 연구 중 하나인 기회 점수(Opportunity Score) 방법을 사용할 수 있어요. 기회 점수에 관한 자세한 설명은 214쪽을 참고해주세요.

기본적인 통계 지식이 필요한 정량 연구

수포자분들에게는 안타까운 일이지만 정량 연구를 제대로 하기 위해서는 어느 정도의 통계학 지식이 필요합니다. 대부분의 정량 연구는 도출된 결과가 통계학적으로 유의미한지 확인하는 작업을 포함하기 때문이에요. 실험 목적과 방식에 따라 통계 분석 방법도 달라집니다. 예를 들어 두 개의 그룹을 비교할 때는 T-Test를, 세 개 이상의 그룹을 비교할 때는 ANOVA라는 방법을 써야 해요. 어떤 통계 방법을 어떻게 쓸지에 따라 모집해야 하는 최소 인원수도 달라진답니다.

통계에 대한 지식이 아예 없다면 정량 연구는 생각하지도 말아야 할까요? 물론 깊이 있는 정량 연구를 하기 위해서는 탄탄한 통계학적 지식이 필요해요. 하지만 일반적으로 사용되는 간단한 정량 연구는 프로세스를 충분히 숙지하고 통계 툴 사용 방법을 익히면 업무에 충분히 적용할 수 있어요.

 김 선배의 Tip

정량 연구에 필요한 통계 분석 방법, T-Test

두 가지 디자인 사이에 사용자가 느끼는 만족도의 차이가 있는지 확인하려 한다고 가정합시다. 디자인 A와 B를 연구 참여자에게 보여주고 각 디자인에 대한 만족도를 점수로 매기게 한 다음, T-Test를 통해 디자인 A와 B의 평균 만족도 점수에 차이가 있는지 검증할 수 있어요. 만약 통계학적으로 유의미한 차이를 발견한다면, 디자인 A와 B 중 어떤 것이 더 큰 만족도를 줬는지 판단할 수 있습니다.

Special
Class

ANOVA를 이용한
단계별 디자인 솔루션 비교법

UX 연구에서는 비교해야 할 디자인이 3개 이상일 때 ANOVA(분산 분석)를 사용하여 다양한 디자인 솔루션의 효과를 비교하고 어떤 솔루션이 사용자의 만족도, 선호도, 행동, 목표 달성 등에 어떤 영향을 미치는지 알아봅니다. 단계별로 차근차근 살펴볼까요?

Step 1 연구 목적 및 가설 설정하기

예를 들어 A, B, C 세 가지 디자인 솔루션의 사용자 만족도에 차이가 있는지 알아보는 것을 연구 목적으로 설정한다면, 귀무가설(Null Hypothesis)은 세 가지 솔루션의 평균 만족도가 같다고 가정하고 ANOVA를 이용하여 이 귀무가설을 검증합니다.

Step 2 **연구 설계하기**

ANOVA를 이용하여 연구를 설계할 때 일원(One-Way) 분산 분석과 이원(Two-Way) 분산 분석 중 하나를 선택해야 하고, 또 피험자 간(Between Subject) 설계와 피험자 내(Within Subject) 설계 중 하나를 선택해야 합니다.

일원 분산 분석은 독립 변수가 하나이고, 이원 분산 분석은 두 개라는 차이가 있습니다. 대부분의 경우 독립 변수가 하나인 일원 분산 분석을 사용합니다만, 여기서는 이원 분산 분석의 아주 단순한 예를 들어볼게요. 모바일 게임에 버튼을 추가하기 위해 A, B, C 세 가지 버튼 디자인을 만들었고 세 버튼의 차이는 버튼 색의 밝기와 크기라고 합시다. ANOVA를 이용해 사용자가 어떤 버튼에 더 빨리 반응하는지 측정한다면, 이원 분산 분석으로 두 가지 독립 변수, 즉 버튼의 색과 버튼의 밝기가 사용자의 반응 속도에 미치는 영향을 알아볼 수 있습니다.

참여자에게 모든 버전의 버튼을 보여주고 한 사람이 세 가지 버튼을 비교해서 평가하도록 설계한 것을 피험자 내 설계라고 합니다. A 버튼은 A 그룹에게, B 버튼은 B 그룹에게, 이런 식으로 한 사람에게 한 가지 버튼만 노출하는 실험 설계는 피험자 간 설계라고 합니다. 연구 목적과 데이터 특성에 적합한 분석 방법을 선택해서 연구를 설계합니다.

Step 3) 데이터 수립과 전처리하기

연구 설계에 따라 데이터를 수집합니다 이상치, 결측치, 정규성 검정 등을 통해 데이터의 품질을 확인하고 필요시 수정하거나 제거합니다.

Step 4) ANOVA 실시

통계 프로그램이나 소프트웨어를 이용하여 ANOVA를 수행하고 F-통계량, P-값, 효과 크기 등을 해석합니다. P-값이 유의 수준보다 작다면, 귀무가설을 기각하고 그룹 간 평균 차이가 있다고 결론 내릴 수 있습니다. 통계 프로그램으로는 SPSS나 R이 많이 쓰이는 편입니다.

Step 5) 사후 검정하기

ANOVA는 그룹 간 평균 차이가 있는지만 알려줄 뿐, 특정 그룹이 다른 그룹과 차이가 있는지는 알려주지 않습니다. 따라서 ANOVA 결과가 유의미하다면 사후 검정을 통해 어떤 그룹 간에 차이가 있는지 구체적으로 파악해야 합니다. 사후 검정에는 투키(Tukey), 본페로니(Bonferroni), 시더(Scheffe) 등 여러 방법이 있으므로 연구 목적과 데이터의 특성에 따라 적절한 방법을 선택합니다.

Step 6) 결과 보고 및 해석하기

ANOVA 및 사후 검정 결과를 표 또는 그래프로 시각화하고, 통계적으로 유의미한 차이가 있는 그룹을 명시하고, 효과 크기를 보고하고, 연구 목적과 가설과의 관련성을 설명합니다. 또한 결과의 의미와 함의, 연구의 한계와 제약, 향후 연구 방향 등을 논의합니다.

07

핵심 정량 연구 방법:
설문 조사

UX 연구에서 정량 연구는 여러 가지 형태로 진행할 수 있어요. 만약 유튜브에서 UX 연구원으로 일한다면 사람들이 유튜브를 보며 '좋아요'나 '구독'을 누른 데이터를 분석할 수 있고, 다양한 디자인을 비교하기 위해 실험 연구를 실시할 수도 있어요.

하지만 뭐니 뭐니 해도 가장 흔하게 쓰이는 방법은 설문 조사가 아닐까 싶어요. 설문 조사의 주요 목적은 '특정 그룹의 사람들'로부터 '수치화된 답변'을 얻어내어 디자인 또는 비즈니스 결정을 돕는 것입니다. 물론 숫자가 아닌 텍스트 형식의 답변을 얻을 수도 있지만 텍스트 형식의 답변이 주가 되어야 한다면 정량 연구보다는 정성 연구가 더 나은 선택이겠죠? 현업에서 설문 조사는 많은 사람에게서 답변을 얻고 싶을 때 정말 다양하게 쓰이기 때문에 모든 쓰임을 열거하기는 어렵지만 대표적으로 자주 쓰이는 몇 가지 사례 위주로 소개할게요.

UX 연구에서 설문 조사가 사용되는 대표적인 사례

사용자 경험에 대한 피드백 수렴

앱이나 웹사이트를 사용하다 보면, 종종 해당 앱이나 웹사이트의 사용 경험을 평가해달라는 팝업 창을 보게 됩니다. 주로 별점 평가 또는 몇 가지 질문에 답하는 형식일 겁니다. 사용자 경험에 대한 피드백을 얻기 위해 매우 흔하게 사용되는 설문 조사 형식이죠. 이처럼 앱이나 웹사이트를 사용 중인 사용자에게 피드백을 요청하기도 하고, 별도로 사용자를 모집해서 설문지로 피드백을 받기도 해요. 앱이나 웹사이트 내에서 피드백을 받을 때는 사용자가 해당 서비스를 이용하는 데 불편을 주면 안 되기 때문에 별점 평가 등 최대한 간단한 방식으로 피드백을 받는 편이 좋습니다. 또 너무 자주 피드백을 요구하면 사용자가 불편함을 느껴 이탈할 수도 있기 때문에 주의해야 하고요. 이러한 제약이 있기는 해도 서비스를 실제로 사용 중인 사람들에게 받는 피드백이라 좀 더 생생하다는 장점이 있어요. 이때, 자체적으로 설문지를 만들어서 피드백을 수렴할 수도 있지만, 일반적으로는 표준화된 설문지를 사용하는 편이에요. 더 자세한 설명은 85쪽의 표준화된 사용성 설문지의 종류를 참고해 주세요.

디자인 실험

설문 조사는 정량적인 방법으로 디자인을 평가해야 할 때 쓰기도 해요. 가령 다양한 디자인에 대한 피드백을 비교 평가할 수도 있고, 소요 시간 또는 오류 횟수 등을 측정하거나, 표준화된 사용성 설문지를 이용해서 사용성 평가를 할 수도 있어요. 이때 활용하기 좋은 두 가지 툴을 추천해 드릴게요. 설문지 작성과 배포에는 Qualtrics라는 툴을, 설문지 디자인에는 Figma라는 툴을 사용하면 따로 툴을 개발하지 않고도 디자인 실험을 진행할 수 있어서 편리합니다.

사용자와 관심 도메인에 대한 정량적 데이터 수집

앞서 말했듯이 기초 연구 단계에서 인터뷰 등의 정성 연구를 통해 타깃 사용자와 도메인에 대한 심층적인 이해를 할 수 있는데요. 이렇게 도출된 인사이트를 설문지를 통해 다시 한번 검증하거나 인사이트 관련 데이터의 분포를 파악할 수 있습니다. 예를 들어, 정성 연구를 통해 타깃 사용자가 현재 겪고 있는 주요 어려움을 인사이트로 도출했다면, 설문지를 통해 각 어려움을 '얼마나' 크게 느끼고 있는지 정량화할 수 있습니다. 또, 정성 연구를 통해

MVP에 포함할 후보 기능을 선정했다면, 설문지를 통해 각 기능이 '얼마나' 중요한지에 대한 정량적 데이터를 수집할 수 있어요.

표준화된 사용성 설문지의 종류

학계나 업계에서 오랫동안 쓰이면서 검증을 거친 표준화된 사용성 설문지들이 있어요. 오랫동안 쓰여왔기 때문에 신뢰할 수 있고, 대부분 축적된 데이터를 통한 벤치마크 기준이 있다는 것이 장점이에요. 예를 들어 테스트하고 싶은 앱이 표준화된 사용성 설문지를 통해 10점 만점에 8점이 나왔다면 이것이 좋은 점수인지 좋지 않은 점수인지 벤치마크를 통해 대략적으로 알 수 있죠.

하지만 설문지가 다양한 곳에 쓰이도록 포괄적으로 만들어졌기 때문에 제품에 대한 구체적인 피드백이 필요할 때는 적합하지 않다는 단점이 있어요. 이럴 때는 그동안 축적한 데이터를 이용해서 벤치마크를 만들고, 이를 통해 제품 사용성이나 만족도를 평가합니다.

그래도 SUS, NPS, CSAT은 업계에 입문할 때 꼭 알아야 하는 기본 상식이기 때문에 간략히 소개할게요.

SUS(시스템 사용성 척도, System Usability Scale)

10개의 항목으로 이루어진 설문지로, 제품에 대한 참여자의 주관적인 사용성 평가 데이터를 수집할 수 있어요. 1980년대 중반에 개발되어 역사가 유구한 설문지랍니다. 데이터가 40년가량 축적되었기 때문에 다양한 벤치마크가 마련되어 있어요. 수집된 SUS 스코어를 A등급, B등급과 같이 학교 성적표처럼 나눌 수 있지요.°

SEQ(단일 용의성 질문, Single Ease Questionnaire)

질문이 단 하나뿐인 특이한 설문지입니다. 사용성 테스트에서 사용자에게 주어진 태스크의 난이도를 평가할 때 사용할 수 있어요. 사용자는 자신이 느낀 어려움의 정도를 '매우 어렵다'부터 '매우 쉽다'까지 7점 척도, 즉 6개의 간격으로 나눠서 평가해요.

NPS(Net Promoter Score)

주변에 제품을 추천할 의향이 있는지 묻는 설문지로 0부터 10까지 11점 척도를 이용해요. 2003년, 고객 충성심을 측정하기 위한 용도로 Fred Reichheld에 의해 소개되었어요. 다만, 최근 IT 업계에서 앱 내 기능을 론칭할 때는 거의 사용하지 않는 편입니다. 요즘 사람들은 앱의 특정 기능이 마음에 든다고 해서 해당 앱을 다른 사람에게 굳이 추천하지 않기 때문이에요.

° 벤치마크를 이용하여 수집된 SUS 점수를 평가할 수 있는 다섯 가지 방법을 알려주는 사이트예요. measuringu.com/interpret-sus-score

CSAT(Customer Satisfaction Score)

전반적인 고객 만족도를 측정하기 위한 설문지로 5점 척도를 이용해서 제품 경험이 얼마나 만족스러웠는지 물어봅니다.

NASA-TLX(NASA Task Load Index)

6개의 항목으로 이루어진 설문지로, 사용성 테스트 중 사용자가 태스크를 수행하기 위해 얼마나 많은 부하(Task load)를 느꼈는지 평가할 때 쓰여요. 정신적인 부하, 체력적인 부하 등을 측정할 수 있답니다. 일반적으로 대중을 위한 상업용 제품을 평가할 때는 사용되지 않지만, 사용자의 부하를 최소한으로 줄여야 하는 인터페이스를 디자인할 때는 유용하게 쓰여요. 이를테면 군인이나 비행기 조종사를 위한 시스템, 또는 전기 차 코파일럿 시스템을 디자인할 때 사용됩니다.

설문 조사는 쓰임새가 정말 다양하기 때문에 여러 방법으로 디자인할 수 있지만 포괄적으로 보면 다음과 같은 단계들을 거쳐요.

Step 1 설문 조사 목적 구체화하기

설문 조사 디자인은 다음의 세 가지 질문에 답하면서 시작돼요.

- 설문 조사로 무엇을 묻고 싶은가요?
- 누구에게 묻고 싶은가요?
- 최종적으로 어떤 숫자 데이터를 수집하나요?

정량 연구는 정해진 프로세스를 철저히 따라야 하기 때문에 이 질문들에 구체적으로 명확하게 답해야 다음 단계에서 스크리너와 설문지를 정확히 작성할 수 있고, 올바른 통계 분석 방법을 선택할 수 있어요. 또, 설문 조사 연구를 통해 얻어질 데이터가 스테이크홀더의 목적에 부합하는지 이 단계에서 필수적으로 확인해야 하기 때문에 스테이크홀더와의 커뮤니케이션이 매우 중요해요.

(Step 2) 스크리너 및 설문지 작성하기

설문 조사의 목적을 구체화했다면 이 단계에서는 스크리너와 설문지를 작성합니다. 스크리너라는 단어가 생소할 수도 있을 것 같은데요. 스크리너는 연구 참여 조건에 맞는 참여자를 가려내기 위한 작은 설문지를 말해요. 앞서 설문 조사 목적을 구체화하면서 누구에게 묻고 싶은지 정해야 한다고 했는데, 그 질문에 대한 답을 확고히 해야 스크리너를 제대로 작성할 수 있어요.

운동 앱을 만들기 위해 운동을 자주 하는 참여자를 찾는다면 운동에 얼마나 관심이 있는지, 현재 어떤 운동 앱을 쓰는지 등을 미리 확인하고 연구 조건에 부합하는 참여자를 선발해야 해요. 운동을 열심히 하는 파워 유저를 찾고자 할 때 아래와 같은 스크리너를 사용할 수 있어요.

1. 당신은 얼마나 자주 운동을 하나요?

① 일주일에 5~7회 (선발)　　　　⑤ 6개월에 3~4회

② 일주일에 3~4회 (선발)　　　　⑥ 1년에 3~4회

③ 일주일에 1~2회　　　　　　　⑦ 하지 않습니다

④ 한 달에 2~3회

2. 현재 사용 중인 운동 앱을 모두 선택해주세요.

① Peloton App (선발)　　　　⑤ Nike Training Club

② ClassPass　　　　　　　　⑥ Strava

③ WeightWatchers (선발)　　⑦ Noom (선발)

④ Apple Health　　　　　　⑧ 앱 이름 넣기

이 단계에서 스크리너와 함께 설문지를 작성하게 되는데요. 설문지를 제대로 작성하기 위해서는 설문지 질문과 선택지의 형태뿐 아니라, 선택지의 순서도 고민해야 해요. 어떤 질문이 가장 중요한지에 대해서도 생각해 봐야 합니다. 신경 쓸 부분이 예상보다 많죠? 하지만 설문지의 완성도를 높이기 위해서 꼭 알아두어야 합

니다. 그럼, 어떤 점들을 고려해야 하는지 하나씩 알아봅시다.

가장 중요한 질문 선정하기

앞서 설문 조사를 통해 무엇을 묻고 싶은지 구체화해야 한다고
했죠? 이때 저는 주로 스테이크홀더와의 미팅을 바탕으로 질문 리
스트를 만들어봅니다. 그다음 '이 중에서 가장 중요한 질문은 뭐
지?' 하고 저 자신에게 물어봅니다. 이 질문을 왜 해야 할까요? 바
로 질문의 개수와 순서를 정해야 하기 때문이에요. 설문 조사에
참여해서 답변해 본 적이 있으신가요? 참여해 본 분은 글자를 읽
고 답하는 게 얼마나 피곤한 일인지 잘 아실 거예요. 설문지 분량
이 길면 '에이, 더는 못 하겠어.' 하고 포기하거나 뒤로 갈수록 대충
답변할 기능성이 높아져요. 따라서 중요한 질문이 아니라면 질문
리스트에서 배제하여 질문 수를 줄이고, '가장 중요한 질문'이라고
판단되는 질문은 가능한 한 참여자의 에너지와 집중력이 남아있
는 초반부에 답변하도록 하는 것이 좋아요.

유도 질문 피하기

인터뷰와 마찬가지로 설문지 또한 최대한 참여자 본연의 생각
과 의견을 얻어내는 게 핵심입니다. 따라서 특정 방향으로 참여자
의 답변을 유도하는 유도 질문을 최대한 피해야겠죠? 유도 질문에
관해서는 66쪽에서 자세히 다루고 있으니 참고해 주세요.

맥락과 피로도를 고려하여 질문 순서와 형식 정하기

긴 설문지는 참여자가 중간에 이탈하거나 뒤로 갈수록 답변의 질이 떨어질 가능성이 높아요. 사람과의 면 대 면 대화와 달리 읽고 답하는 방식이기 때문에 지루함과 피로를 느끼기 쉽거든요. 아무래도 대화하는 것이 아니기 때문에 질문을 소개하는 흐름 혹은 맥락을 고려하여 설문지를 작성합니다. 또한 갑자기 생각하기 어려운 질문이 나오면 대답하기 어려울 수도 있으니 질문의 순서와 난이도를 적절하게 배치해야 합니다.

순서로 인한 편향성 고려하여 질문과 선택지 순서 정하기

참여자의 피로도를 고려하여 가장 중요한 질문을 최대한 앞에 배치하라고 추천해 드렸었죠? 하지만 앞선 질문과 선택지가 뒤에 나올 질문의 답변에 영향을 미칠 수 있기 때문에 이러한 부분도 고려해야 해요. 이를 순서로 인해 일어날 수 있는 편향성(Order Bias)이라고 합니다.

김 선배의 Tip

설문지 작성을 위한 팁은 98쪽 **Special Class** 코너에서 더욱 자세하게 다루었어요. 저의 생생한 실무 노하우를 꾹꾹 눌러 담았으니 꼭 참고하세요.

파일럿 테스트

고려해야 할 것이 너무 많고 복잡해서 설문지를 못 만들겠다고요? 걱정하지 마세요. 처음부터 완벽하게 만들 필요는 없답니다. 디자인을 테스트하듯 설문지도 테스트해 보면 되니까요. 참여자들이 미완성된 설문지에 답변하게 함으로써 설문지가 제대로 만들어졌는지 점검하는 것을 파일럿 테스트(Pilot Test)라고 부릅니다. 저는 현업에서 주로 내부 테스트와 외부 테스트, 이렇게 두 가지 단계로 설문지를 테스트해요.

내부 테스트

저는 UX 연구원 동료 그룹과 UX에 대한 배경지식이 거의 없는 직장 동료 그룹, 이렇게 두 그룹으로 나누어 내부 테스트를 부탁합니다. 테스트는 두 가지 방식으로 진행해요. UX 연구원 동료들에게는 설문지에 답변해 본 다음 피드백을 달라고 하고, UX 연구 경험이 없는 그룹과는 인지 인터뷰(Cognitive Interview, CI)를 통해 피드백을 받아요. 내부 테스트는 설문지 보완 후 다시 동료들에게 피드백을 받아 실제로 개선되었는지 확인할 수 있고, 설문지 작성 경험이 많은 동료가 있다면 양질의 피드백을 받을 수 있다는 것이 장점입니다. 또 서로 잘 알기 때문에 테스트에 적합하다고 생각되는 사람을 골라서 테스트를 부탁할 수도 있어요.

인지 인터뷰란?

인지 인터뷰(Cognitive Interview, CI)는 설문 조사 참여자들이 설문 작성자의 의도대로 설문지를 잘 이해하는지 확인하는 테스트입니다. 인지 인터뷰 참여자에게 실제로 공유될 설문지를 보여주면서 최대한 참여자의 입장에서 답변하도록 요청합니다. 답변 시 각 질문을 소리내어 읽고 질문 내용을 설명하게 합니다. 질문에 답변할 때도 왜 특정 항목을 선택했는지에 대해 소리 내어 말하도록 요구합니다. 이 과정을 통해 질문을 어떻게 받아들이고 선택 항목을 골랐는지, 다시 말해 어떤 인지 과정을 거쳐 질문을 이해하고 답변하는지 알 수 있습니다. 인지 과정을 엿보면서 헷갈리는 부분이나 유도 질문은 없는지 점검할 수 있죠.

인지 인터뷰 말미에는 주로 설문지에 대한 전체적인 피드백을 받아요. 저는 이때 설문지의 길이가 어떠한지, 대답하기 어렵거나 꺼려지는 질문은 없었는지 등을 물어봅니다. 이 과정을 통해 참여자들이 민감하게 느낄 만한 질문들을 미리 배제하고 설문지 길이에 대해서도 다시 생각해 볼 수 있어요.

외부 테스트

직장 동료는 동일한 회사에서 비슷한 분야에 종사하는 사람들이기 때문에 해당 그룹만의 특수성이 있을 수 있어요. 따라서 외부 테스트를 통해 설문지를 검증하는 작업이 필요합니다. 이때에도 주로 2가지 방식을 사용해요. 외부인 몇 명을 모집하여 인지 인터뷰를 실시하기도 하고, 설문 대상 인원이 200명이라면 인원수의 10%인 20명에게 설문지를 돌려 시간이 대략 얼마나 걸리는지, 치명적인 오류는 없는지 피드백을 받아 확인하기도 해요. 외부 테스트에서도 설문지 마지막이나 각 섹션 마지막 부분에서 혹시 이해하기 어렵거나 대답하기 꺼려지는 질문은 없었는지, 전체적인 설문지의 길이가 어땠는지 등을 묻고 피드백을 받아요.

Step 4 참여자 모집 및 데이터 수집하기

참여자 모집(Recruiting) 방법은 다양합니다. 게임 회사 같은 곳에서는 원하는 참여자 특성을 필터링하여 자체적으로 모집 가능한 참여자 풀이 있는 경우도 있고, 스타트업에서는 연구원이 페이스북이나 레딧(Reddit) 같은 SNS를 활용해서 직접 참여자를 모집하기도 하죠. 대기업, 특히 빅테크에서는 주로 dscout(dscout.com)이나 Respondent(respondent.io) 같은 외부 서비스를 활용하여 참여자를 모집하고, 설문지는 Qualtrics(qualtrics.com) 등으로 작성하여 설문지 전문 플랫폼을 통해 데이터를 수집해요. 설문지 전문 플랫폼을 사용하는 이유는 데이터를 시각화 및 관리하고 내보내기(Export)가 쉽기 때문입니다.

참여자에게 인센티브를 제공한다면 구체적으로 어떤 인센티브를 제공하는지 모집 단계에서 미리 안내해야 합니다. 또 중간에 이탈하거나 설문에 제대로 답변하지 않는 참여자가 있을 수 있으므로 필요 인원보다 조금 더 넉넉하게 모집하는 것이 좋습니다.

Step 5) 데이터 분석 및 리포트 작성하기

자, 대망의 마지막 단계입니다. 데이터 수집을 완료했으니 본격적으로 분석에 뛰어들어야 할까요? 그렇지 않습니다. 분석에 들어가기 전에 필수적으로 해야 하는 일이 한 가지 있어요. 바로 데이터 클리닝(Data Cleaning)입니다. 수집한 데이터를 모두 쓸 수 있다면 좋겠지만 안타깝게도 현실은 그렇지 못해요. 참가비를 받기 위해 질문지를 제대로 읽지 않고 답변하는 사람도 있고 중복된 답변 같이 데이터로서 가치가 없는 것들이 섞여 있습니다. 이런 데이터는 분석을 시작하기 전에 삭제하고, 개인정보가 지나치게 많이 포함되어 있다면 참여자의 프라이버시를 위해 수정이 필요합니다. 마지막으로, 통계 툴을 사용하여 데이터를 분석한다면 해당 툴에서 쓸 수 있는 형태로 변환도 해야 하고요.

데이터 클리닝은 데이터 분석을 위해 필수적인 전처리 단계로서 이를 거쳐야 비로소 분석으로 넘어갈 수 있어요. 어떤 데이터를 지워야 할지 헷갈리는 분들을 위해 제가 데이터 클리닝 단계에서 삭제할 데이터를 고르는 기준을 자세히 알려드릴게요.

작성 시간이 지나치게 짧은 답변

앞서 말씀드린 바와 같이 참가비를 받기 위한 목적으로 설문에 참여하여 질문을 제대로 읽지도 않고 아무거나 골라서 제출한 답변들이 있어요. 이런 답변은 대부분 작성 시간을 보면 알 수 있는데, 최소 30분이 걸리는 설문지를 5분 안에 끝냈다면 의심해 봐야겠죠? 이때 무조건 지우지 말고 그래도 한 번쯤은 답변을 들여다봐야 해요. 아주 드물지만, 참여자가 속독할 수 있었을지도 모르니까요. 특히 텍스트로 답변해야 하는 문항을 성심성의껏 작성했는지 위주로 체크해 보아야 합니다. 하지만 30분 걸릴 설문지를 5분 안에 끝냈다면 대충 답변했을 확률이 99%이긴 해요.

중복된 답변

은근히 흔하게 일어나는 일인데 두 번, 세 번 중복으로 설문에 참여하는 사람이 종종 있어요. 따라서 동일한 사람에게 중복 답변을 받지 않았는지 확인하고 중복된 답변을 지워야 해요.

답변이 지나치게 이상한 경우

누가 봐도 말이 안 되게 성의 없이 작성한 답변, 혹은 일관성이 아예 없는 답변이 있어요. 모든 질문에 동일한 선택지를 고르는 사람들이 대표적입니다. 이처럼 제대로 답변하지 않은 경우에는 잘 읽어본 다음에 지워야 해요. 욕이나 인종 차별, 범죄 등 설문지의 맥락에서 벗어나거나 상식에 어긋난 답변 또한 지워야 합니다.

데이터 클리닝을 완료했다면 이제 데이터를 분석할 단계입니다. 데이터는 크게 참여자가 선택지에서 고른 답변과 텍스트로 직접 입력한 답변이 있을 거예요. 선택지에서 고른 답변은 그래프로 시각화하거나 통계적인 방법으로 분석해요. 텍스트로 직접 입력한 답변은 앞에서 소개한 어피니티 다이어그래밍이나 다른 정성 연구 방법으로 분석합니다.

분석한 데이터를 토대로 리포트를 만들 때 몇 가지 주안점이 있는데, 일단 신뢰도를 높이기 위해 데이터 분석 과정과 결과를 투명하게 보여주어야 합니다. 숫자나 그래프는 다소 지루하게 느껴질 수 있으니 이해하기 쉬운 방식으로 간결하게 정리하고요. UX 연구의 핵심은 스테이크홀더의 의사 결정을 돕는 것이므로 이 리포트가 비즈니스/디자인 결정을 내리는 데 도움이 될지 항상 생각하며 리포트를 작성하는 것이 가장 중요해요.

설문지 작성 시
어떤 점을 고려해야 할까요?

90쪽에서 설문지를 작성할 때 유의해야 할 점을 알려드렸는데요, 설문지 작성은 설문 조사의 모든 단계 중 가장 중요하고 까다로운 부분이기 때문에 선배들의 팁을 많이 알아 두면 알아둘수록 좋아요. 제가 일을 하며 얻은 설문지 작성 노하우와 꿀팁을 대방출해볼게요.

다양한 유형의 유도 질문 주의하기
프레이밍(Framing)을 경계하자

프레이밍이 뭘까요? 프레임(Frame)은 영어로 '판'이라는 뜻으로, 프레이밍은 쉽게 직역하면 '판을 짠다'라는 의미입니다. '판을 짠다'는 말은 개인이 원하는 흐름으로 상황이 흘러

가게 하는 것을 속되게 일컬을 때 사용합니다. 설문 문항을 만들 때에도 마찬가지입니다. 알게 모르게 특정 답변을 유도하진 않았는지 확인해야 해요. 연구원의 의견이나 생각이 질문에 투영되면 참여자의 답변에 영향을 미칠 수 있어요.

예를 들어 'AI의 투명성을 높이기 위해 고안된 이 디자인에 대해서 어떻게 생각하십니까?'라는 설문 문항이 있다고 가정해 볼게요. 해당 디자인이 실제로 AI 투명성을 높이기 위해 고안되었다고 해도, 사용자는 그 의도에 대해 아무 생각이 없거나 디자인 의도와는 달리 해당 디자인이 AI 투명성을 그다지 높이지 않았다고 생각할 수도 있습니다. 질문지를 읽었을 때는 '오, 투명성을 높이는 건 좋지. 좋은 것 같습니다.'라고 긍정적으로 답변하지만 실제로 그 기능을 사용할 때는 다른 생각을 할 수 있는 거죠.

답변에 대한 예시를 첨부하지 말자

질문을 작성할 때 '참여자가 이 질문을 제대로 이해하지 못하면 어떡하지?' 하는 걱정 때문에 답변에 대한 예시를 제공하는 경우를 종종 보게 되는데요. 질문이 모호하다고 생각되면 예시를 제공해서 질문에 어떻게 답해야 하는지 알려주는 것보다 질문 자체를 명확하게 쓰도록 노력해야 합니다. 예시를 제공하면 사람들이 거기에 꽂혀 답변의 범위가 제한될 수 있기 때문입니다.

'이커머스 웹사이트를 통해 상품을 구매할 때 무엇이 가장 중요한가요?(예: 가격, 디자인 등등)'와 같이 질문을 작성한다면, 실제로는 빠른 배송이 중요할지도 모르는데 예시로 언급된 '가격, 디자인'을 보고 '맞아, 가격과 디자인 매우 중요하지!' 하고 답변할 확률이 높아집니다.

맥락을 고려하여 설문지 작성하기
행동 질문 먼저, 그다음 태도/의견 질문

행동에 관한 질문(Behavioral Questions)을 태도나 의견에 관한 질문(Attitudinal Questions)보다 먼저 묻는 것을 추천해요. 누군가 갑자기 'OTT(Over The Top) 서비스에 대해서 그동안 어떻게 느끼셨나요?'라고 묻는다면 너무 갑작스러워서 아무 생각도 떠오르지 않을 거예요. 하지만 '혹시 어떤 OTT 서비스를 구독 중이세요?'라고 묻는다면 넷플릭스나 디즈니플러스 등 현재 구독 중인 OTT 서비스를 떠올리겠죠. 이어 '무엇을 얼마나 자주 보셨나요?' 등의 질문에 답하며 OTT 서비스에 대한 개인적인 사용 경험을 떠올려보고, 의견을 제대로 말할 수 있도록 마음의 준비를 하게 돼요. 이렇게 얻은 답변은 OTT 서비스를 실제로 사용하며 느꼈던 감정이나 생각과 사실적으로 맞닿아 있고 생각할 시간이 있었기 때문에 답변의 퀄리티도 더 좋을 거예요.

비슷한 주제의 질문은 섹션으로 묶자

사람들은 평소 대화할 때 주제를 왔다 갔다 하기보다는 하나의 주제에 대해 이야기를 나누다가 다음 주제로 넘어갑니다. 따라서 설문지를 작성할 때도 비슷한 주제의 질문을 섹션으로 묶어서 구성하는 것이 좋습니다. 이렇게 하면 참여자가 각 주제에 대해 집중적으로 생각하며 답변하기 때문에 좀 더 깊이 있고 다양한 답변을 얻을 수 있습니다.

참여자의 피로도를 고려하여 설문지 작성하기

초기 집중도를 활용하자

참여자의 집중도는 초반에 가장 높기 때문에 중요한 질문들을 앞쪽에 배치하는 것이 중요해요.

개방형 질문의 수를 최소화하자

설문지 질문은 크게 개방형과 폐쇄형으로 나뉘는데요. 폐쇄형 질문은 참여자가 정해진 항목에서 답변을 고르면 되지만, 개방형 질문은 참여자가 직접 답변을 작성해야 합니다. 개방형 질문을 통해 참여자 고유의 심도 있는 답변을 얻을 수 있지만 질문이 너무 많으면 참여자의 피로도가 증가하기 때문에 개수를 최대한 줄이는 게 중요해요. 개방형 질문의 수를 줄이는 것이 어려운 경우, 설문지보다는 인터뷰 등의 다른 방법을 고려하는 편이 나아요.

질문은 명확하고 이해하기 쉽게

질문지는 전문적인 단어를 피하고 최대한 간결하고 명확

하게 작성하는 게 좋아요. 지나치게 복잡한 질문도 최대한 피해야 합니다(예: '팝업 창이 보이지 않았다면, 버튼을 클릭하시지 않았을 건가요?' 같은 이중 부정을 쓴 질문). 사전적 정의를 제시해서 질문의 이해를 도울 수 있다면 활용하는 것도 좋아요(예: OTT 서비스는 인터넷을 통해 다양한 동영상 콘텐츠를 전달하는 서비스를 의미합니다).

질문 수와 소요 시간을 최소화하자

설문지의 질문 수를 최대한 줄이고 설문지 작성에 소요되는 시간은 최대 30분을 넘기지 않는 걸 추천해요.

프라이밍 효과 고려하기

질문 순서를 정할 때 앞선 질문이 뒤에 나올 질문의 답변에 영향을 미치는 프라이밍 효과(Priming Effect)가 나타나지 않는지 한 번 더 살펴보셔야 해요. 몇 가지 예를 들어 프라이밍 효과를 설명해 볼게요.

프라이밍 효과 예시 ①

평소 환경 문제에 대해 어떻게 생각하는지 먼저 물어본 다음, 환경 문제를 해결하기 위한 서비스를 보여주고 평가를 요청했다고 합시다. 환경 문제는 대다수가 중요하다고 생각하고 죄책감을 느끼는 주제죠. 이런 심리적인 상태에서 환경 문제 관련 서비스에 대한 의견을 물으면, 참여자는 실제로는 사용하지 않을 서비스라도 긍정적인 평가를 내릴 가능성이 높습니다. 따라서 현실과 괴리된 답변을 얻을 수 있답니다.

프라이밍 효과 예시 ②

현재 구독하고 있는 OTT 서비스가 무엇인지 묻고 나서 여가 시간을 어떻게 보내는지 물어본다면, 평소에 사이클링도 하고 독서도 하지만 앞선 질문 때문에 지난주에 본 넷플릭스 드라마가 생각나면서 주로 OTT 서비스로 드라마를 본다고 답변할 수도 있어요.

프라이밍 효과 예시 ③

다음과 같은 선택지를 주고 현재 사용 중인 OTT 서비스를 모두 고르게 했다고 가정합시다.

☐ 넷플릭스   ☐ 웨이브

☐ 디즈니플러스   ☐ 쿠팡플레이

☐ 티빙   ☐ 기타 OTT 서비스

그런 후에 가장 선호하는 OTT 서비스를 물어보면 참여자는 넷플릭스와 왓챠를 구독 중이고, 왓챠도 넷플릭스만큼이나 선호하지만, 선택지에 없던 왓챠는 떠올리지 못할 수 있어요.

질문 순서를 정할 때는 혹시나 이런 프라이밍 효과가 일어나지 않을지 확인해야 하고, 프라이밍 효과를 피하기 위해서는 폐쇄형 질문이나 예제를 포함한 구체적인 질문보다 개방형 질문을 먼저 물어봐야 합니다. 따라서 위 사례에서는 선호하는 OTT 서비스가 무엇인지 먼저 묻는 것이 좋아요.

초두 효과와 최신 효과 고려하기

무엇이든 처음과 끝이 좋아야 한다는 말이 있죠? 왜 그럴까요? 처음 본 것과 가장 최근에 본 것이 제일 깊은 인상을 남기기 때문일 거예요. 첫인상과 관련된 것이 초두 효과(Primacy Effect)이고, 마지막 인상과 관련된 것이 최신 효과(Recency Effect)입니다. 질문이나 선택지를 작성할 때, 이 두 가지 효과를 잘 고려해야 해요. 예를 들어 두 가지 디자인에 대한 피드백을 받는 상황에서, 디자인 A에 대한 질문을 먼저 배치하고 그다음 디자인 B에 대해 물어본다고 합시다. 사람들은 의욕 넘치고 집중력이 높을 때 A에 대한 질문에 답하겠죠. 반면 B에 대해 답변할 즈음에는 지치고 기운도 없고 이제 슬슬 설문지에 답변하는 것도 지겹고 짜증날지도 몰라요. 그래서 먼저 답변한 A에 긍정적인 평가를 내릴 수도 있답니다.

질문뿐만이 아닙니다. 여러 가지 디자인 옵션을 보여 주고 가장 선호하는 디자인을 고르게 했다고 가정할게요. 디자인 A부터 디자인 E까지 5가지 옵션을 보여줬을 때, 초두 효과와 최신 효과로 인해 A나 E가 뇌리에 남기 때문에 A나 E를 고르는 확률이 높을 거예요. 마치 면접관들이 하루에 5명을 면접 보고 나서 "다 기억나진 않는데 그래도 맨 처음 사람과 맨 마지막 사람이 인상적이었어. 이 둘 중에 골라야지." 하는 느낌이랄까요.

따라서 초두 효과와 최신 효과가 영향을 끼칠 수 있다고 생각되면 순서를 무작위화(Randomizing)하는 것도 중요해요. 참여자들이 질문지나 선택지를 똑같은 순서로 보지 않고 무작위로 섞은 순서로 보게 함으로써 순서로 인한 영향을 상쇄하는 거죠.

08

혼합 연구,
언제 어떻게 쓰나요?

　　정성 연구와 정량 연구가 언제 어떻게 쓰이는지 각각 알아봤는
데요, 가끔은 두 가지 방식을 동시에 채택해야 하는 경우가 생겨
요. 그럴 때 짬짜면과 같은 혼합 연구를 하게 됩니다. 혼합 연구는
정성 연구나 정량 연구 결과만으로 연구 목적을 해결할 수 없을 때
쓰여요. 혼합 연구는 두 가지 연구 방식이 섞여 있는 연구를 포괄
적으로 부르는 단어이기 때문에 다양한 형태를 띨 수 있어요. 현
업에서 쓰이는 몇 가지 사례를 소개할게요.

선(先) 정성 연구, 후(後) 정량 연구(Qual→Quant)
주로 관심 영역이나 대상에 대한 사전 지식이 부족할 때 이 방법

을 사용하는데요. 일단 인터뷰와 같은 정성 연구 방법을 통해 관
심 영역이나 대상에 대한 정보를 어느 정도 수집하고, 이렇게 수집
한 정보에 대한 '정도'를 정량 연구 방법으로 측정합니다. 가령 사
용자의 니즈와 우선순위를 알고 싶을 때, 먼저 정성 연구로 니즈에
대한 정보를 수집하고 정량적인 방법으로 니즈에 대한 우선순위
를 측정할 수 있습니다.

선(先) 정량 연구, 후(後) 정성 연구(Quant→Qual)

정량 연구로 얻은 데이터에 대해 부가적인 설명이 필요할 때 정
성 연구를 이용해 보충함으로써 연구 질문에 대한 보다 완전한 해
답을 제공할 수 있습니다. 예를 들어 애널리틱 데이터를 연구했을
때 특정 구간에서 사용자 인게이지먼트(User Engagement)가 떨
어졌다면, 그 구간에서 이탈한 사용자들을 모집해서 인터뷰 등의
정성 연구 방법으로 이탈이 '왜' 일어났는지 연구합니다.

정성 연구와 정량 연구를 동시에 사용(Mixed Method)

정성 연구 데이터와 정량 연구 데이터를 동시에 수집해야 할 때 사
용합니다. 예를 들어 새로운 게임 조이스틱을 개발했다고 가정해
봅시다. 게임 연구실에는 게이머를 초대해서 플레이를 관찰할 수

있는 플레이어 방이 따로 있는데요. 그곳에서는 게이머가 새로운 조이스틱을 이용해서 어떻게 플레이하는지 '관찰'하는 동시에 오류 횟수나 구간 등을 '측정'할 수도 있어요. 또, 짧은 설문지를 이용해 조이스틱의 전반적인 만족도를 '측정'하는 동시에 '인터뷰'하여 사용자 경험에 대해 더 깊이 알아볼 수도 있습니다.

09

UX 연구의
다양한 방법과 개념

지금까지 UX 연구 방법이나 개념에 대해서 몇 가지 대표적인 사례를 살펴보았습니다. 이 장에서는 앞에서 미처 다루지 못한 기본적인 방법이나 개념을 몇 가지 추가로 소개하려 합니다. UX 연구 방법이나 개념은 무궁무진하므로 여기에 모두 담을 수는 없지만, 널리 사용되고 꼭 알아야 할 기본적인 것들만 추려 소개할게요.

관찰 분석

어떤 대상에 대한 인사이트를 얻기 위해 가장 먼저 해야 하는 일은 무엇일까요? 무작정 그들에게 달려가서 설문지를 작성해달라고 하거나 인터뷰해야 할까요? 아닙니다. 모든 과정은 대상을 관찰(Observation)하고 이해하려는 노력에서부터 시작합니다. 따라서 관찰 방법은 UX 연구의 가장 중요한 핵심이라고 할 수 있습니다. 이 책을 통해 UX 연구의 현실을 있는 그대로 전달하기로 했죠? 가감 없이 솔직하게 말씀드리자면, 학계에 비해 업계에서는 대상을 이해하고 충분히 관찰할 시간이 주어지진 않습니다. 상사에게 "사용자에 대해 한 달 동안 관찰 연구를 진행해야겠습니다. 한 달 뒤에 뵐게요."라고 했다가는 영원히 돌아오지 못할 수도 있죠. 그 대신 업계에는 다양한 데이터와 전문가들이 있습니다. 충분한 관찰 시간은 없지만, 마켓 연구원 혹은 데이터 과학자와 협업하여 타깃 사용자에 대해서 더 깊게 이해할 수 있죠.

62쪽에서 소개했던 '반구조화 인터뷰'를 기억하시나요? 반구조화 인터뷰와 함께 사용할 수 있는 관찰 방법 중 맥락적 조사(Contextual Inquiry) 방법이 있어요. 사용자가 제품을 실제로 사용하거나 앞으로 사용할 환경에 들어가서 그들을 관찰하고 인터뷰함으로써 사용 맥락과 환경에 대해 깊이 이해할 수 있습니다. 또 사용자에게 제품을 써보게 하여 피드백을 받는 동시에 그들을 관찰하면서 사용자 자신도 인지하지 못한 부분들을 캐치할 수도 있고, 히트맵(Heatmap)이나 아이 트래킹(Eye Tracking) 데이터를 수집하여 분석할 수도 있습니다. 관찰을 통해 축적된 데이터는 사용자에 대한 깊은 이해에 도움을 줄 뿐만 아니라 종종 생각지 못했던 새로운 기능에 대한 비즈니스 인사이트를 제공하기도 한답니다. 다이어리 연구 방법을 이용하면 사용자가 자신의 경험과 생각을 맥락 속에서 자연스럽게 표현할 수도 있는데요, 자세한 설명은 118쪽을 참고하세요.

김 선배의 Tip

아이 트래킹과 히트맵

UX 연구에서 아이 트래킹(Eye Tracking)과 히트맵(Heatmap)은 웹 페이지나 앱 인터페이스를 사용하는 사용자의 마우스 또는 터치포인트 움직임 및 시선 이동을 추적하는 방법입니다. 사용자의 시선(관심)을 끄는 지점, 사용자가 생각하고 행동하는 경로와 패턴을 분석할 때 유용하며, 이를 바탕으로 디자인 개선이나 제품/서비스의 성능 향상을 위한 인사이트를 얻을 수 있습니다.

아이 트래킹

아이 트래킹은 사용자의 시선을 추적하는 기술로서 안경, 헬멧 등에 장착된 카메라나 적외선 센서를 사용하여 사용자의 눈 움직임을 측정합니다. 사용자가 어떤 대상에 집중하는지, 얼마나 오랫동안 머무르는지 등을 파악할 수 있으며 UX 디자이너와 개발자는 이를 참고하여 UI/UX를 최적화할 수 있습니다.

히트맵

히트맵은 사용자가 마우스 클릭 또는 터치한 지점을 색상으로 표시하여 시각화하는 도구입니다. 사용자가 어떤 영역에 가장 많은 관심을 가지는지, 어떤 부분을 제일 많이 활용하는지, 어떤 요소가 눈에 더 잘 띄는지 등을 파악할 수 있습니다.

▲ 사용자가 집중하는 지점을 보여주는 히트맵

사용성 평가

사용성 평가(Usability Test) 없이는 UX 연구를 논하기 어려울 정도로 가장 기본적인 개념이죠. 현업에서 디자인을 테스트할 때 보편적으로 가장 중요하게 생각하는 질문이 두 가지 있어요. '이 디자인을 사용자가 쉽게 사용할 수 있는가?'와 '이 디자인이 타깃 사용자에게 매력적일까?'예요. 두 번째 질문에 대한 답은 콘셉트 테스팅(Concept Testing)이라는 개념을 소개할 때 더 자세히 다룰게요. 사용성 평가의 목적은 바로 첫 번째 질문에 대한 답을 제공하는 데 있어요.

참여자 인원 정하기: 5명의 법칙

여러 명이 같이 써야 하는 제품이 아니라면 보통 6~10명의 참여자를 모집해서 한 명씩 사용성 평가를 진행해요. "왜 6~10명인가요?"라고 물어보는 분이 있을 거예요. 6~10명이라는 인원수는 제이콥 닐슨(Jakob Nielsen)이 2000년에 발간한 '테스트 참여자로 5명만 필요한 이유(Why You Only Need to Test with 5 Users[*])'라는 아티클의 영향을 많이 받았습니다. UX에 대해 조금이라도 아는 사람이라면 모를 수가 없는 유명한 온라인 아티클이죠. 제이콥 닐슨은 이 아티클에서 과거 몇십 년 동안의 연구를 요약하여 왜 사용성 테스트에 5명의 참여자만 있으면 되는지 서술했는데요. 핵심만 말씀드리자면, 상대적으로 적은 수의 참여자로도 사용성 문제를 많이 발견할 수 있으며, 참여자가 많아져도 문제가 추가로 발견되는 비율이 크게 증가하지 않는다고 해요. 즉, 대략 5명의 참여자로 85%의 사용성 문제를 발견할 수 있다는 결론입니다.

하지만 매우 다른 특성의 사용자 그룹을 가지고 있는 제품이라

---

*   nngroup.com/articles/why-you-only-need-to-test-with-5-users

면 추가적인 사용자 테스트가 필요합니다. 예를 들어 어린이와 부모가 함께 이용할 웹사이트의 경우, 두 그룹의 행동 패턴은 충분히 다르므로 각 그룹별로 사용자 테스트를 진행해야 합니다. 즉 어린이 그룹과 부모 그룹에서 각 4~5명의 사용자를 선택하여 테스트를 진행하는 것이 효과적입니다.

사용성 평가의 다양한 방식

사용성 평가는 여러 가지 방식으로 실행할 수 있습니다. 먼저 대면(Moderated)과 비대면(Unmoderated) 두 가지 방식이 모두 가능해요. 정성, 정량, 혼합 연구로 진행할 수도 있죠. 현업에서 대면과 비대면 방식은 비슷한 비율로 쓰이는 것 같아요. 그리고 사용자의 피드백과 함께 에러 발생 횟수 등을 측정하는 등의 혼합 연구 방식을 채택하는 경우가 많아요.

태스크 시나리오란?

어떤 방식으로 진행하든 가장 중요한 건 참여자가 수행할 태스크 시나리오(Task Scenario)를 정하는 일이에요. 비대면으로 사용성 평가를 할 때는 참여자가 모더레이터의 도움 없이도 태스크 시나리오를 읽고 사용성 평가를 실시할 수 있어야 하고요.

'영화도 아닌데 웬 시나리오?'라는 생각이 들 수도 있어요. 그냥 '이 버튼 눌러보세요. 저 페이지로 넘어가세요. 뭘 개선해야 할 것

같나요?'라고 물어보면 안 될까요? 하지만 이렇게 하면 사용자가 실제로 그 디자인을 사용할 때 겪을 수 있는 어려움을 포착하지 못할 확률이 높아요. 가능한 한 사용자가 실제로 디자인을 사용하는 환경을 조성해야 실제 상황에서 사용자가 겪을 어려움을 찾을 수 있습니다. 따라서 너무 구체적으로 '지시'하기보다는 사용자가 어떤 목적을 이루기 위해 해당 디자인을 사용하는지, 사용자가 실제로 사용하는 상황 맥락을 '설명'하는 것이 좋답니다. 태스크 시나리오는 평가하려는 디자인 기능 및 사용자가 기능을 사용하는 플로우를 고려하여 최대한 명확하게 작성하는 것이 중요해요.

예를 들어 사내 인트라넷에 회사 내부의 리더들과 소통할 수 있는 '리더십 코너'라는 공간을 만들었다고 가정할게요. '리더십 코너'를 통해 리더들에게 마음껏 질문할 수 있는 'AMA(Ask Me Anything)' 기능을 추가하려고 합니다. 이때, AMA 기능의 사용성을 평가하려 한다면 태스크 시나리오를 어떻게 짜야 할까요?

'사내 인트라넷을 통해 리더들에게 질문하려고 합니다. 현재 보이는 인트라넷을 통해 어떻게 질문할 것인지 보여주세요.' 위의 예시처럼 '리더십 코너', 'AMA' 등 기능과 관련된 단어를 직접 언급하지 않고 사용자의 동기에서 비롯된 행동에 초점을 맞춰서 태스크 시나리오를 짜야 합니다. 그래야 사용자가 제품 안에서 기능을 찾을 수 있는지, 그 기능의 목적을 제대로 이해하고 있는지 정확하게 평가할 수 있습니다. 디자인 기능에 대한 직접적인 언급이나 부연 설명은 참여자가 태스크 시나리오를 수행하다가 막혔을 때 해도 늦지 않아요. 하지만 이런 일이 발생했다면 사용성에 큰 문제가 있다는 중요한 시그널이므로 제대로 기록해야겠죠?

사용성 평가는 한 번으로 끝나는 것이 아니라 디자인을 개선하는 과정에서 여러 번 이루어집니다. 연구원의 부담이 크겠다고 생각할 수도 있지만, 다른 연구에 비해 정형화되어 있는 경우가 많아 연구원의 도움을 바탕으로 디자이너가 자체적으로 실시하기도 해요. 디자이너나 프로덕트 매니저가 스스로 연구를 진행하도록 연구원이 어떻게 돕고 있는지 237쪽의 '셀프서비스 모델' 부분에서 설명할게요.

다이어리 연구

113쪽에서 사용자가 제품을 사용하고 있는 환경 속에서 데이터를 얻는 방법 중 '다이어리 연구'가 있다고 말씀드렸는데요. 맥락적 조사가 사용자의 환경에 직접 들어가서 인터뷰를 진행하는 방법이라면, 다이어리 연구(Diary Study)는 시간 약속을 잡아서 만나지 않아도 데이터를 수집할 수 있는 방법이에요. '다이어리'라는 말에서 추측할 수 있듯이 참여자에게 일정 기간 제품을 사용하며 마치 일기를 쓰듯 제품 경험을 기록하고 피드백을 남기게 합니다. 이때, 사용자에게 스크린을 녹화한 영상을 요구할 수도 있어요. 이러한 데이터를 통해 사용자의 자연스러운 행동을 관찰할 수 있고, 피드백과 별개로 짧은 설문지를 제공하여 답변을 받을 수도 있습니다. 일정 기간 제품을 사용하며 만족도가 어떻게 변화했는지 알고 싶다면 만족도를 묻는 설문지를 준비하면 되겠죠?

다이어리 연구는 다양하게 활용할 수 있는데 제품에 대한 경험이나 태도가 시간에 따라 어떻게 변하는지 알아보거나, 참여자가 제품 기능을 익히고 적응하는 과정을 시간의 흐름에 따라 관찰하고 사용 흐름 또는 습관을 캐치하기 위해 사용하는 경우가 많습니다.

유저 페르소나

페르소나(Persona)는 연극 배우가 쓰는 가면을 지칭하는 라틴어에서 유래된 말입니다. 사용자에 대해 잘 알기 위해서는 사용자가 누구인지에 대한 명확한 그림이 있어야 하는데, 이 그림이 바로 페르소나입니다. 유저 페르소나(User Persona)는 가상의 인물로서 잠재 사용자의 성격, 우선순위, 선호도, 목표, 동기 등을 바탕으로 그들의 니즈와 요구 사항을 구체적인 인물에 반영하여 시각적으로 표현한 것입니다. 이를 통해 제품의 목적과 사용자의 니즈가 연결되도록 하여 사용자 경험을 개선할 수 있습니다. 또한 팀원들에게 유저 페르소나를 공유하여 공감(Empathy Building)을 형성하고 사용자의 입장에서 제품과 서비스를 만들 수 있게 도울 수 있습니다. 대부분의 UX 연구는 제품이나 서비스를 사용할 가능성이 높은 가상의 유저 페르소나를 만들어 사용자를 이해하는 것으로 시작됩니다.

페르소나 만들기

그럼, 페르소나는 어떻게 만들어야 할까요? 현업에서 가장 흔하게 쓰이는 방법은 인터뷰와 설문 조사입니다. 특정 고객을 대상으로 인터뷰 또는 설문 조사를 진행하여 고객의 요구 사항, 선호도, 행동 패턴 등을 파악합니다. 또, 기존의 통계 자료를 분석하기도 합니다. 인터넷이나 공공기관에서 제공하는 통계 자료를 활용하여 대상 고객의 특성을 파악할 수 있기 때문입니다. 이를테면 대상 고객의 나이, 성별, 직업, 거주 지역 등을 분석하여 대상 고객의 특성을 파악할 수 있습니다.

실제 사례를 살펴볼까요? 한 커피 브랜드는 대상 고객을 여러 그룹으로 나누고 이를 토대로 유저 페르소나를 만들었습니다. 예를 들어 '미디어 프로페셔널' 페르소나는 편안하게 일하는 분위기를 선호하며 커피를 필수적인 생활 요소로 생각하는 특징을 잡아서 제품이나 서비스를 구현할 수 있습니다. 한 온라인 식료품 회사는 '독립적이고 창조적인 여성', '바쁜 직장인', '편리함을 추구하는 주부', '젊고 열정적인 대학생' 등으로 나누어 유저 페르소나를 만들기도 합니다. 이를 통해 제품 라인업, 마케팅, 서비스 디자인을 전략적으로 기획하죠. 대상 고객을 세분화하여 유저 페르소나를 만들면 제품이나 서비스를 제공할 때 대상 고객의 요구 사항을 정확하게 파악할 수 있으며, 이는 제품 또는 서비스의 성공적인 론칭 및 마케팅에 중요한 역할을 합니다.

 김 선배의 Tip

페르소나를 대체하는 유저 롤

'영국에 사는 32세 John', 이런 정보가 사용자를 정의할 때 꼭 필요할까요? 물론, 가상의 '인물'을 이용해서 페르소나를 만들기 때문에 나이나 직업 등 인물에 대한 배경 설정이 들어가는 것은 당연합니다. 하지만 이러한 배경 설정이 전부 필요할까요? 또, 타깃 사용자를 하나의 인물에 국한하는 것이 항상 옳을까요? 다른 배경을 가지고도 비슷한 특성을 보일 수 있기 때문에 요즘은 유저 페르소나 대신 다른 개념들을 이용해서 사용자를 정의하곤 합니다. 그중 하나가 유저 롤(User Role)입니다. 유저 롤은 타깃 사용자층의 직업(예: 화이트칼라 직장인들)이나 그들의 주요 행동 패턴(예: SNS 파워 크리에이터) 등을 이용하여 사용자를 정의하고, 그들의 JTBD와 현재 가지고 있는 니즈, 불편 사항에 초점을 맞춥니다. 직업을 이용해 사용자를 정의하는 특성상 B2B 프로덕트의 사용자를 정의할 때 자주 쓰입니다.

사용자 여정 지도

사용자를 한눈에 이해하기 쉽도록 유저 페르소나를 만들었다면, 사용자의 경험 전체를 한눈에 이해할 수 있는 툴 또한 존재하면 좋겠죠? 그래서 주요 페르소나별로 사용자 여정 지도(User Journey Map)를 만듭니다. 사용자 여정 지도 혹은 고객 여정 지도(Customer Journey Map)는 사용자가 제품 또는 서비스의 전체 과정을 경험할 때 발생하는 모든 상호작용과 감정을 시각적으로 나타낸 도구입니다. 사용자의 목표, 행동, 감정, 상황 등 사용자 경험의 전체 여정을 묘사하며, 이를 통해 보다 깊은 맥락에서 사용자의 니즈와 문제점을 파악하고 개선 방안을 모색할 수 있습니다. 사용자 여정 지도를 만드는 데 시간이 꽤 걸리기 때문에 주로 중요한 페르소나 위주로 만든답니다.

사용자 여정 지도는 사용자가 제품 이용 전후 또는 제품 이용 중 거치는 상황, 생각하거나 느끼는바, 사용자의 행동, 다른 사람과의 상호작용 유무 등을 조사하고 그 흐름을 시각화하여 만들어요. 하나의 연구를 통해 만들어지기보다는 다양한 UX 연구 활동을 하며 축적된 데이터를 토대로 초안을 만들고, 사용자 인터뷰 및 이후 이루어지는 다양한 UX 연구 프로젝트를 거쳐 수정과 보완을 하므로 한 번에 완벽한 사용자 여정 지도를 만들고자 애쓸 필요는 없어요.

사용자 여정 지도를 만들면 전반적인 사용자 경험에 대한 이해를 높일 수 있으며 사용자가 어떤 맥락에서 어떤 문제에 직면하는지, 그 문제가 어떤 경험의 어떤 단계들에 영향을 끼치는지를 한눈에 파악할 수 있습니다. 스테이크홀더 또한 사용자 경험에 대한 전체적인 이해도가 높아져 전반적인 흐름에 알맞은 제품을 개발할 수 있게 됩니다.

JTBD

JTBD(Jobs-to-Be-Done)라는 개념은 경영학에서 온 이론입니다. 하버드 경영학 교수인 클레이튼 크리스텐슨(Clayton Christensen)이 정식으로 이론화하여 이 개념을 널리 퍼트렸는데요. Job은 '일'을 뜻하므로 Jobs-to-Be-Done은 '해야 하는 일'이라고 직역할 수 있겠네요. 즉 구매자가 '제품이 자신을 대신하여 해줄 일'에 기대를 품고 제품을 구매한다는 이론입니다. 우리는 칫솔이라는 제품 자체를 원하는 것이 아니라 구강을 청결하게 유지하고 악취를 제거하기 위해 칫솔을 구입합니다. 이것이 바로 제품이 해줄 것이라 기대하는 일(Job)입니다. 만약 이 일을 더 효과적으로 수행하는 제품이 있다면 칫솔은 쉽게 대체될 수 있어요. 실제로 요즘은 작은 구멍으로 강력한 물줄기를 분사하여 구강을 세정하는 워터젯을 칫솔 대신 사용하는 분들도 있죠. 따라서 제품을 만들 때 제품 자체보다는 그 제품이 제공하는 경험에 초점을 맞추자는 것이 JTBD 이론의 핵심이에요. 그럼 UX 연구에 이 이론을 어떻게 적용할 수 있을까요?

앞서 사용자의 니즈와 현재 느끼고 있는 어려움을 알기 위해 인터뷰 등의 방법으로 UX 연구를 실시한다고 말씀드렸어요. 현업에서는 이 과정에서 파악한 사용자의 니즈와 어려움을 토대로 주요 페르소나별 JTBD 리스트를 작성하며, 각각의 JTBD는 언제, 어떤 맥락에서, 어떤 행동으로, 무엇을 얻고 싶은지를 문장으로 표현합니다. 일반적으로 각 페르소나별 핵심 JTBD가 여러 개 존재해요. 예를 들어 인스타그램 사용자의 JTBD는 '특별한 순간이나 경험을 사진이나 이야기로 기록하고 공유하여 추억을 보전하고 다른 사람들과 나누고 싶습니다.', '친구, 가족, 또는 팔로워들과 소통하면서 소셜 미디어 활동을 통해 관계를 유지하고 강화하고 싶습니다.'와 같이 정리할 수 있어요.

JTBD는 사용자의 니즈를 구체화하고 제품을 통해 얻게 되는 경험과 결과에 초점을 맞춰서 제품을 설계하는 데 도움을 줍니다. 또한, 사용자 니즈의 우선순위를 알아내는 등 후속 연구의 기반으로 활용할 수도 있죠. 이 부분에 대해서는 222쪽 '빅테크 UX 연구 트렌드' 파트에서 더 자세히 다룰게요.

김 선배의 Tip

이번 장에서는 매우 기본적이고 널리 쓰이는 몇 가지 UX 연구 방법을 알아보았습니다. 이 밖에도 정말 많은 UX 연구 방법이 있어요. 더 많은 연구 방법을 알고 싶은 분들을 위해 부록 328쪽에 다양한 UX 연구 방법을 한 장으로 정리한 도해와 각 방법의 특징 및 목적을 정리해 두었으니, 꼭 참고하길 바랍니다.

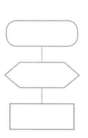